LA
CRISE ÉCONOMIQUE

ET SOCIALE

EN FRANCE ET EN EUROPE

PAR

AMBROISE CLÉMENT

Correspondant de l'Institut

PARIS

LIBRAIRIE GUILLAUMIN ET Cⁱᵉ

Éditeurs du *Journal des Économistes*, de la *Collection des principaux Économistes*,
du *Dictionnaire de l'Économie politique*,
du *Dictionnaire du Commerce et de la Navigation* etc.

RUE RICHELIEU, 14

1886

LA

CRISE ÉCONOMIQUE ET SOCIALE

EN FRANCE ET EN EUROPE

SAINT DENIS. — IMPRIMERIE CH. LAMBERT, 17, RUE DE PARIS.

LA
CRISE ÉCONOMIQUE

ET SOCIALE

EN FRANCE ET EN EUROPE

PAR

AMBROISE CLÉMENT

Correspondant de l'Institut.

PARIS

LIBRAIRIE GUILLAUMIN ET Cie

Éditeurs du *Journal des Économistes*, de la *Collection des principaux Économistes*,
du *Dictionnaire de l'Économie politique*,
du *Dictionnaire du Commerce et de la Navigation*, etc.

RUE RICHELIEU, 14

1886

CRISE ÉCONOMIQUE ET SOCIALE

EN FRANCE ET EN EUROPE

INDICATION DES PRINCIPAUX PROBLÈMES SOCIAUX

DONT LA SOLUTION RATIONNELLE EST LE BUT DE CETTE ÉTUDE.

Depuis près d'un siècle, la marche générale des civilisations de l'Europe persiste à suivre deux courants diamétralement opposés et grandissant en même temps, — l'un conduisant au perfectionnement et à la prospérité des populations, l'autre à leur dégradation et leur ruine.

D'une part, en effet, cette période s'est montrée la plus féconde de toutes en découvertes, en progrès merveilleux, dans les sciences et dans l'industrie; tandis que, d'autre part, nos civilisations ont paru, plus qu'à toute autre époque, en proie à des discordes profondes, à des antagonismes multipliés et violents, à des aberrations intellectuelles politiques, sociales, économiques et morales, non moins pernicieuses qu'insensées, — tout cela faisant peser sur elles d'imminents et terribles périls, qui n'iraient pas à moins qu'à les faire sombrer dans une décadence, une dislocation irrémédiables, comme l'ont fait les régimes sociaux antiques de l'Égypte, de l'Asie, de la Grèce et de Rome; — si les nations actuelles de l'Europe ne sortaient pas bientôt des funestes directions où elles se laissent si aveuglément entraîner.

Comment un tel contraste, — entre des succès scientifiques et industriels sans pareils, grandissant chaque jour, et toutes les insanités de notre conduite sociale, économique et morale, — a-t-il

1

pu se produire et durer? Quelles en sont les causes principales?
Ces causes sont-elles modifiables par notre propre action? Et s'il
est en notre pouvoir de rendre notre conduite générale moins in-
digne de l'élévation intellectuelle atteinte sous tant d'autres rapports, de l'amener et de la maintenir dans des voies sûrement salutaires, qu'avons-nous à faire pour arriver à de tels résultats?

Ce sont là les problèmes que nous avons tenté de résoudre dans
l'étude qui va suivre : pour y parvenir, il nous a paru qu'il fallait
s'assurer que nous avons réellement le pouvoir de corriger nos
erreurs ou nos mauvaises directions de conduite, dès qu'elles sont
reconnues telles par la généralité de ceux qui en souffrent; or, ce
pouvoir existe en effet, dans les grands et incontestables privilèges, que l'homme seul possède parmi tous les êtres animés de la
création terrestre : — D'abord, celui de développer et perfectionner indéfiniment, par ses propres efforts, son intelligence et
d'autres facultés natives qu'il a également reçues en germe; ensuite celui de changer les directions de sa propre conduite, ou de
faire obstacle à celle de ses semblables, lorsqu'il reconnaît qu'elles
lui nuisent; — privilèges résultant de ce que l'activité humaine
est naturellement régie par des intelligences *libres*, ayant l'initiative de leurs déterminations; tandis que chez les animaux non
soumis à notre action, elle n'est conduite que par l'instinct qui les
domine et ne leur permet pas de changer les directions qu'il leur
impose. Nous avons donc débuté par l'étude de ces admirables privilèges, en rappelant brièvement les heureux résultats qu'ils nous
ont permis de réaliser jusqu'ici, par l'action que nous pouvons exercer, soit sur les matières et les forces extérieures, soit sur nos
propres facultés.

Ce travail nous a paru nécessaire, en ce moment surtout, comme
pouvant concourir à relever le courage abattu de nombreux esprits
restés lucides et prévoyants; mais que la longue durée de nos affo-
lements moraux et sociaux, paraît avoir frappés d'une désespérance
les amenant à renoncer à l'action, comme inutile et vaine, à s'abandonner à ce dédain de la vie actuelle, qui l'a si souvent fait com-
parer au *Rêve d'une ombre,* — sombres réminiscences ne pouvant
aboutir qu'à recruter des ascètes ou des Fakirs, à repeupler de so-
litaires stylittes les portiques et les colonnes de nos temples religieux; tandis que la mission laborieuse, que nous révèle et nous
impose en même temps notre privilège de perfectibilité, doit nous

faire redoubler d'efforts pour en ranimer la bienfaisante ardeur, aux époques néfastes où les lumières et tous les biens que nous leur devons, sont menacés d'anéantissement par l'action de nos mauvais mobiles et de nos erreurs. Le sujet traité dans notre première section, se trouve ainsi suffisamment indiqué et motivé.

La deuxième section est consacrée à exposer et combattre les mobiles pernicieux et les erreurs, qui s'opposent le plus aux progrès de notre perfectibilité ou à leurs promptes et salutaires applications.

La troisième expose, en démontrant leur réalité, les principales lois naturelles, dont l'*observance,* par la conduite la plus générale de chaque nation, assure son perfectionnement et sa prospérité; tandis que leur *transgression,* par cette même conduite, détermine non moins sûrement sa dégradation et tous les maux qu'elle entraîne [1].

Ces trois sections sont, de beaucoup, la partie la plus importante et la plus étendue ne notre étude. Nous avons ensuite, dans une quatrième section, indiqué très sommairement les principales transgressions aux lois naturelles démontrées, auxquelles les grandes nations de l'Europe se sont laissées entraîner, à partir de 1792, et qui ont abouti à la redoutable crise dont toutes souffrent aujourd'hui plus ou moins cruellement.

Il restait pour compléter cette étude, à reconnaître et signaler les principaux obstacles qui s'opposeraient le plus à ce que l'on obtînt, avant que le mal soit devenu irrémédiable, l'observance générale des lois naturelles aujourd'hui si périlleusement transgressées, et les moyens les plus efficaces d'arriver le plus tôt possible à vaincre ces obstacles. Ici, pour réussir à rendre nos observations applicables aux différentes nations engagées dans la crise, il aurait fallu connaître et exposer les situations très diverses de chacunes d'elles, et l'on comprend que nous ayons dû restreindre notre cinquième et dernière section, à peu près uniquement à ce qui concerne la France. Plusieurs de nos indications principales seront, d'ailleurs, d'une application générale.

[1] En qualifiant de lois *naturelles,* celles dont il s'agit, nous n'entendons nullement les attribuer à une *nature* aveugle et inconsciente, ne sachant ce qu'elle fait et s'ignorant elle-même, mais uniquement à l'intelligence suprême, toute puissante et éternelle, dont elle est l'œuvre et dont la réalité, l'absolue nécessité nous sont surabondamment révélées dans l'univers, par tout ce que nous pouvons observer.

Pouvons-nous espérer, dans une composition aussi succincte, relativement à tout ce qu'elle embrasse, avoir réussi à répandre, sur tous les points qu'il importait le plus d'éclairer, une lumière suffisante? C'est ce dont pourront juger nos lecteurs après examen. Nous espérons, toutefois, avoir démontré assez clairement les terribles dangers de la situation actuelle, surtout en France, pour convaincre tout esprit lucide de la nécessité impérieuse de prompts et énergiques efforts pour les prévenir ou les atténuer.

PREMIÈRE SECTION.

De nos privilèges de liberté et de perfectibilité. — Résumé des progrès qu'ils nous ont permis d'accomplir jusqu'ici, tant sur les choses extérieures que sur nos propres facultés.

Les premières et les plus importantes des lois que nous aurons à décrire dans notre troisième section, sont celles qui ont fait de l'homme, sur le globe terrestre, la seule espèce d'êtres animés et douée de deux merveilleux privilèges, — trop peu médités et admirés, jusqu'à présent, par ceux qui en jouissent. — L'un de ces privilèges est celui d'une intelligence libre, laissant à l'espèce l'initiative de ses déterminations et des directions de son activité, qu'elle peút changer à volonté, — ce que ne sauraient faire les animaux dont l'activité commandée par des instincts invariables chez chaque espèce, ne peut être détournée des voies qu'ils lui tracent, si ce n'est sous les directions de l'homme lui-même; — l'autre privilège de notre espèce est celui qui la rend capable de développer et perfectionner, par ses propres efforts, ses facultés originaires et d'en accroître la puissance, de génération en génération, dans des limites indéfinies.

De tels privilèges lui ont déjà permis, depuis son origine, mais surtout depuis l'avènement de nombreuses populations à la pratique un peu perfectionnée de l'agriculture, de changer entièrement les conditions de son existence primitive; — de se multiplier, tout au moins, *mille fois plus* que ne l'auraient jamais permis ces conditions, bien qu'elle n'ait encore employé que le dixième au plus des terrains cultivables du globe; — de développer, dans de non moins grandes proportions, ses besoins physiques, intellectuels et moraux et tous les moyens d'y pourvoir; — de prendre une part de plus en plus considérable dans *la distribution de la vie* entre les diverses espèces de plantes et d'animaux, multipliant celles qui lui servent et réduisant celles qui lui nuisent; et même (vrai prodige!) modifiant plus ou moins profondément, selon ses convenances, *la nature* de nombre de ces espèces.

Ce sont là déjà, assurément, de merveilleux et admirables résultats; ils pourraient peut-être suffire pour convaincre tout esprit lucide et attentif, de la suprême importance des privilèges dont il s'agit, lesquels, en nous permettant de concourir progressivement à l'accomplissement des phénomènes terrestres, et surtout *à leur direction,* nous font très positivement participer à l'œuvre divine, ce qui nous range absolument à part et bien au-dessus de l'animalité, quelles que soient les analogies ou ressemblances que l'on constate, entre l'ensemble de notre organisme corporel et celui de diverses espèces de vertébrés; c'est que nos divins privilèges n'appartiennent point à ces organes corporels, ni à rien de ce qui soit saisissable à nos sens; mais à des êtres de l'ordre des forces ou puissances actives, et de celles de ces forces ayant conscience d'elles-mêmes; êtres dont l'essence, la consistence intimes, nous sont impénétrablement voilées; — ils appartiennent à ce que nous nommons notre intelligence, nos facultés affectives, notre âme, — à la partie mentale et indissoluble de l'homme. Et cela peut déjà nous faire entrevoir de bien autres destinées que celles des animaux, chez lesquels rien n'incline à croire que leur mission ne se termine pas avec la vie actuelle. Nous tenterons d'élucider davantage ces mêmes questions — par des remarques qui, à notre connaissance, n'avaient point encore été faites, — dans le cours des trois premières sections de cette étude.

Mais nous jugeons nécessaire de donner, de la grandeur des progrès que nos principaux privilèges nous ont permis de réaliser jusqu'à présent, une idée beaucoup moins incomplète que celles pouvant résulter des trop brèves indications qui précèdent, afin d'encourager en nous ces puissants et bienfaisants mobiles, à redoubler d'ardeur, pour lutter victorieusement contre la série d'aberrations sociales dont nous n'avons pu sortir depuis bientôt un siècle. Nous commencerons le résumé des principaux résultats bienfaisants que nous leur devons, par ceux obtenus de notre action sur les matières et les forces extérieures.

Les perfectionnements de l'agriculture ont rapidement amené nos produits alimentaires à des quantités bien supérieures aux besoins des cultivateurs, et le surplus a singulièrement favorisé et activé le développement de la division ou séparation des travaux appliqués à des productions différentes, — l'une des principales et des plus fécondes évolutions de la marche ascendante de l'humanité, sans laquelle aucun des progrès que nous allons succinctement énumérer, n'aurait pu s'accomplir.

Parmi les forces ou puissances actives dont la nature intime, la consistance essentielle, restent impénétrablement voilées à l'entendement humain ; mais dont il peut cependant plus ou moins diriger l'action, ou la soumettre à nous servir, la VIE n'est point la seule qui ait été soumise, en partie, à une si étonnante subordination à nos volontés ; l'essence intime de la plus haute de nos facultés, de notre intelligence elle-même, ne nous est pas moins voilée que celle de la vie, et elle ne s'exerce que par notre volonté. Mais à l'égard des forces ou puissances actives dont il s'agit ici, nous restreignant à une partie seulement de celles extérieures à l'homme, nous nous bornerons à rappeler qu'il a exercé encore son pouvoir dirigeant ou d'action, sur le calorique, la lumière, les forces élastiques de l'air et de la vapeur d'eau, le magnétisme terrestre, l'électricité.

Le calorique est la force que, seul parmi les êtres animés du globe, l'homme ait su mettre en action dès les premiers temps de son existence, sans partager l'effroi qu'elle inspire à tous les animaux non domestiqués, — d'abord par des frottements plus ou moins prolongés, ou par la conservation et le renouvellement attentifs de combustibles en ignition, — puis, par des moyens de plus en plus prompts, jusqu'aux procédés actuels, rappelant par la rapidité de production de la flamme, ces mots de la Bible hébraïque : « Dieu dit que la lumière soit et la lumière fut ; » c'est la force dont il s'est le plus servi, et dont il use aujourd'hui plus largement que jamais dans une grande partie de ses travaux, soit au moyen des combustibles qu'il extrait sans cesse et de plus en plus des forêts et du sein de la terre, — sans paraître s'inquiéter encore d'un épuisement possible, — soit par l'insufflation de l'air comprimé sur ses foyers de forges, portant l'intensité du calorique au degré nécessaire pour séparer des minerais les MÉTAUX, sans lesquels, réduit encore aux haches en silex, il manquerait absolument de ces innombrables outils, ustensiles, machines de toute espèce, qu'il perfectionne et accumule sans cesse, jusqu'à en former des myriades de milliards, depuis les plus légers et les plus multipliés, tels qu'aiguilles à coudre, épingles, plumes métalliques, petits clous ou pointes, — rouages, ressorts et régulateurs des pendules et des montres, — jusqu'aux piliers, supports, chaînes, rails, câbles en fer, — les locomotives, les navires à vapeur, et les énormes marteaux-pilons, pétrissant comme de la pâte des masses métalliques.

C'est aussi parmi les métaux que l'homme a trouvé ses instruments d'échange le plus généralement acceptés, qu'il produit encore par milliards de pièces de valeur diverses.

Et c'est toujours au moyen du feu, qu'il transforme l'eau en vapeur et convertit en verre les sables siliceux.

On sait quels immenses services il a pu obtenir de ses machines à vapeur, soit comme moteurs principaux de nombreux milliers d'usines, soit pour quintupler, tout au moins, la rapidité et la quantité de ses transports par navires et par railways.

Quant au verre, les principaux services qu'il a rendus depuis son invention, à part ceux pour vitrages, bouteilles, vases, glaces, etc., sont d'un ordre tout différent; mais ils ne doivent pas moins être placés au rang des plus admirables, par leurs résultats intellectuels et moraux. Ce n'est, en effet, que par les verres taillés de nos microscopes, de nos prismes, de nos lunettes grossissantes ou d'approche, — puis des télescopes les plus efficaces que l'on ait produit jusqu'ici, que, suppléant à l'insuffisance de notre vue naturelle, nous avons conquis la faculté de distinguer une infinité de petits corps que nous n'apercevions nullement, et, en même temps, de sonder d'immenses profondeurs de l'espace sans bornes, ce qui a permis à la science astronomique d'accumuler le vaste ensemble de connaissances positives et d'inductions des mieux autorisées, constituant aujourd'hui son domaine.

Cette science a immensément reculé les bornes que notre vue naturelle, perçevant à peine, autour de la terre, quelques milliers d'étoiles fixes, pouvait assigner à l'univers visible, — et cela, en constatant l'existence de nombreux millions d'astres lumineux par eux-mêmes, visibles au télescope, et paraissant autant de soleils analogues au nôtre, — probablement autant de centres d'attraction et de révolutions, pour des planètes circulant autour d'eux et recevant leur lumière, dont la réflexion, par suite d'un trop grand éloignement, n'arrive pas jusqu'à nous. Elle a confirmé, en partie, ces probabilités par de magnifiques découvertes : d'abord celle de la gravitation universelle, expliquant tous les mouvements des grands corps sphériques de notre monde solaire, avec une exactitude rigoureuse, par les lois de cette gravitation, dont elle a constaté l'extension à tout l'univers maintenant observable, — complétant ainsi la plus merveilleuse de nos connaissances, celle de *la mécanique céleste;* — ensuite, par la décomposition, en quelque sorte la dissection, au moyen du prisme, des rayons lumineux, ayant amené les découvertes de l'analyse spectrale qui, déjà, ont permis de constater de nombreuses identités et quelques diversités, entre la composition matérielle des planètes de notre monde solaire, du soleil lui-même et d'autres étoiles fixes, et les divers matériaux dont notre globe est formé. — Enfin, elle a mesuré la prodigieuse vitesse des rayons lumineux, la distance moyenne de chacune de nos planètes au soleil, et même celles d'étoiles si prodigieusement éloignées, qu'il faut dix ans et plus pour qu'en franchissant soixante-douze mille lieues par seconde, leur lumière puisse nous parvenir.

Au surplus, les découvertes astronomiques, tout admirables qu'elles soient, ne le sont pas plus que celles que nous ont permis de réaliser, dans d'autres directions, nos privilèges de liberté et de perfectibilité. Si la grandeur de tels privilèges se révèle dans la connaissance de la mécanique céleste, elle ne s'accuse pas moins dans les progrès qui nous ont rendus capables de répartir et modifier la vie des plantes et des animaux, d'obtenir du calorique et de la lumière tous les résultats que nous venons d'indiquer, de nous aider si considérablement des forces élastiques de l'air et de la vapeur d'eau; — de faire de la force magnétique, le guide de nos navires en mer; — et de la force électrique, — ce Jupiter lançant la foudre, d'abord, et par le télégraphe, notre docile messager, non moins rapide que l'éclair; — ensuite, et par le téléphone, le moyen de permettre à des interlocuteurs séparés par des distances de cinquante lieues ou davantage, de converser entre eux sans se rapprocher; — puis un moyen supérieur d'éclairage artificiel, — puis l'agent principal de la galvanoplastie, — puis un impulseur dirigeant pour la navigation aérostatique, — puis un moyen de transporter les forces à distance, — celles des chutes d'eau, par exemple, sans déplacer ces chutes! — Agent merveilleux, aujourd'hui aussi secourable qu'il est redouté, et paraissant à la veille de nous rendre encore bien d'autres services.

Nous rappellerons encore que l'homme est aussi parvenu, à l'aide du microscope, à pénétrer dans le monde des infiniments petits, toujours bien mystérieux, mais aujourd'hui plus laborieusement exploré que jamais, surtout en raison des services déjà obtenus pour la guérison de la rage, et que l'on espère en obtenir pour celle de la santé des êtres vivants, — plantes et animaux, — contre les moins connues des causes multiples de ses altérations. Ce sont, enfin, les mêmes privilèges, qui nous ont permis de changer, par nos cultures, nos constructions de villes, d'édifices, de voies de transport et de communications de toute espèce, une partie déjà grande de la face de la terre.

On peut maintenant juger de toute l'importance du pouvoir de perfectibilité qui est en l'homme, quand il exerce son action sur les matières et les forces extérieures avec lesquelles il est en rapport. Il n'est point à croire que son action sur lui-même ou ses propres facultés, comporte moins de puissance perfectible si elle est bien dirigée; car, il en a obtenu des résultats qui prouvent le contraire et que nous devons aussi brièvement rappeler.

Tous les travaux, les découvertes, les progrès que nous avons énumérés jusqu'ici, et qui ont fait de l'homme le régisseur d'une grande partie des phénomènes s'accomplissant sur la terre, sont peut-être dépassés, quant à l'étonnante portée des résultats et des services obtenus, par l'invention des langages, de l'écriture et de l'imprimerie.

Les langages, c'est-à-dire les diverses articulations de la voix au moyen de la langue, successivement et *conventionnellement* admises par les différents peuples, pour désigner chacun des objets de leurs pensées, sont tout autre chose, comme moyens de communication et d'entente mutuelle, que les différents procédés, appliqués aux mêmes besoins, par de nombreuses espèces d'animaux. Les gestes des membres, de la figure et des yeux font partie de ces procédés, et il est à croire que, chez l'homme lui-même, ils ont devancé les langages; mais les procédés des animaux comprennent aussi certains usages de la voix; seulement ceux-ci ne constituent nullement un langage, comme on l'a souvent supposé, surtout en ce qui concerne la voix articulée ou le chant des oiseaux ; car, ils n'ont absolument rien de conventionnel et sont purement instinctifs, ce que démontre pleinement ce fait général indéniable, que les moyens d'entente mutuelle des diverses espèces d'animaux, et les cris ou chants des oiseaux, restent, chez chacune des espèces qui n'ont pas subi nos directions, absolument les mêmes depuis son origine, sans aucune de ces variations ou additions qui pourraient seules accuser cette nécessité *conventionnelle,* absolue pour nos langages.

Les procédés d'entente des animaux sont, d'ailleurs, proportionnels à leurs besoins qui, dans chaque espèce, restent invariables sans notre propre action ; tandis que, chez l'homme, les besoins s'étendant avec les progrès permettant de les satisfaire, le langage doit forcément suivre cette extension.

Il est évident, en effet, que le langage doit nécessairement se développer et progresser, en raison de l'accroissement du nombre des objets de notre pensée, et par conséquent de l'extension de nos besoins physiques, intellectuels et moraux, et des moyens d'y pourvoir, — toutes choses nécessitant, à mesure qu'elles se multiplient davantage, autant de nouvelles articulations convenues de la voix, autant de *mots* nouveaux qu'il en faut pour désigner chaque objet différent.

Et il n'est pas moins évident que, si les langages sont plus ou moins divers d'un pays à l'autre, c'est uniquement parce que les diverses agglomérations humaines ont été trop longtemps séparées par les difficultés primitives des communications, et par la fréquence de leurs luttes ou combats, pour que les mêmes articulations convenues de la voix n'aient pu être adoptées, à défaut de rapports paisibles, suffisants et durables, au delà de cercles plus ou moins restreints, encore représentés chez les nations actuelles par les délimitations de leurs différents *patois.* Bien évidemment, d'ailleurs, ces dissemblances n'auraient pu se produire si, comme les moyens d'entente entre les animaux d'une même espèce, le langage eût été instinctif.

Tout cela prouve irrévocablement, à l'encontre de tant de légendes enfantines consacrées par les diverses religions, que la formation successive de langages, nécessairement conventionnels et divers, est une œuvre de l'esprit, de la volonté de l'homme, — œuvre qui était absolument indispensable à l'élucidation, aux développements et aux progrès de son intelligence, et révélait déjà son incomparable supériorité de nature sur l'animalité.

Il est également aisé de comprendre que plus les mots d'un langage se multiplient, plus il devient difficile, et bientôt impossible à la mémoire individuelle de les retenir tous constamment. De là naît une nécessité devenant, avec le développement continu des objets de notre pensée, de plus en plus urgente, — celle de rattacher à chacun des mots adoptés des signes convenus, différant de l'un à l'autre mot, mais restant les mêmes pour chacun d'eux, — facilement perceptibles et reconnaissables à la vue, et de nature à pouvoir être reproduits le plus rapidement et le plus amplement possible. C'est par l'invention de l'écriture et de ses perfectionnements successifs, jusqu'à l'imprimerie, qu'il a été pourvu à cette nécessité.

Il semble que les premiers inventeurs de l'écriture aient d'abord visé à reproduire par leurs signes, non point les mots ou le langage, mais la pensée elle-même; c'est ce que l'on reconnaît en grande partie dans les écritures hiéroglyphiques, hératiques, etc., de l'ancienne Égypte, et aussi dans celles que persiste à maintenir le mandarinat chinois. Un tel mode oppose de grands obstacles à la vulgarisation de l'écriture et de la lecture, parce qu'il exige l'entente préalable d'une énorme quantité de signes différents, se distinguant difficilement et insuffisamment les uns des autres; mais ce mode convient à certaines dominations, cherchant à s'étayer de la crainte ou du respect qu'inspirent les mystères dont elles s'entourent, et dont ceux qui n'y sont pas initiés ne s'avisent guère de soupçonner la puérilité ou l'insignifiance; — elles préfèrent, d'ailleurs, l'ignorance des masses à leur développement intellectuel, plus dangereux pour la sécurité et la durée de leurs pouvoirs.

Ce sont les écritures *phonétiques-alphabétiques* qui, dès les temps anciens de la Grèce et de Rome, ont prévalu dans les civilisations de l'Europe et celles qui en proviennent : l'utilité de ces écritures, où moins de quarante signes alphabétiques différents suffisent à construire tous les mots des diverses langues écrites, ayant été de plus en plus reconnue, on fit des recherches pour en faciliter l'inscription, la multiplication, la circulation, et en répandre l'usage; c'est ce qui fit substituer, pour leur inscription, aux surfaces polies de roches, de marbres, de bois ou de métaux, d'abord certaines écorces d'arbres, puis le papyrus égyptien, puis les parchemins, puis les différents papiers qui, par leur grande abondance, durent concourir à provoquer l'invention de l'imprimerie, dont les premiers essais, par Guttemberg, datent de l'année 1436 de notre ère, — invention permettant aujourd'hui de reproduire ces mêmes écritures, des milliers de fois plus qu'elles n'auraient pu l'être s'il avait fallu continuer à les copier à la main.

A l'aide de ces progrès, les écritures alphabétiques et leur lecture se sont vulgarisées dans les différents États de l'Europe, au point que la partie de la population de chacun d'eux, sachant plus ou moins lire et écrire sa langue nationale, n'est pas au-dessous du dixième chez les moins avancées, et varie du quart aux deux tiers chez les autres; tandis que dans l'une des civilisations d'origine européenne,—la grande Union Américaine du Nord,—elle est de plus des trois quarts.

Une telle vulgarisation, et l'abondance progressive des livres et imprimés de toute sorte, produisent des conséquences singulières et d'un profond intérêt sur lesquelles, cependant, l'attention générale ne s'est guère arrêtée jusqu'ici ; c'est pourquoi nous croyons devoir donner à ce sujet un résumé d'observations que nous avons publiées ailleurs.

« Parmi les œuvres accomplies par l'homme, il en est une qui, attentivement considérée dans tous les éléments qui la constituent, et dans l'étonnante portée de ses résultats, nous semble signaler le plus haut degré d'élévation intellectuelle qu'il ait encore atteint. Cette œuvre n'est autre que le *livre* qui, donnant positivement un corps à la pensée,—ce qu'assurément elle ne semblait guère comporter avant l'invention de l'écriture, — permet à son auteur de transmettre à ses contemporains, même aux générations suivantes s'il n'est pas délaissé, —et sous une forme visible et stable, —tout le fruit de ses observations, de son expérience, de l'ensemble des travaux de son esprit, et par ce seul assemblage d'idées ainsi fixées et rendues incessamment communicables, peut étendre à tous les progrès intellectuels de chacun, —suppléant à l'insuffisance de la mémoire et des connaissances individuelles, par la véritable création d'un mémoire et de connaissances collectives, s'étendant et s'éclairant sans cesse d'une génération à l'autre, et auxquelles tout individu, sachant lire et comprendre, peut recourir au besoin, chez les libraires, ou dans les bibliothèques publiques et privées. Cette sorte de concrétion, de matérialisation de la pensée, obtenue par le langage, l'écriture et le livre, et permettant de conserver, accumuler et propager de plus en plus toutes les lumières acquises par les générations successives, est donc bien véritablement le chef-d'œuvre de l'esprit humain [1]. »

Cela achève de démontrer suffisamment, et définitivement ce nous semble, que notre action sur nous-mêmes et sur nos facultés, comporte autant et plus de puissance perfectible qu'en a manifesté notre action sur les choses extérieures, et que, dès lors, il est très permis d'espérer que les efforts des hommes de bien éclairés, s'ils s'animent d'une énergie active à la hauteur des besoins, pourront réussir à amener les nations de l'Europe dans d'autres directions que celles où elles se sont laissées si dangereusement fourvoyer pendant la trop longue crise que nous traversons. Seulement, on ne saurait méconnaître que, si les succès de notre action sur les choses extérieures ne rencontrent guère d'oppositions ou d'obstacles sérieux dans la volonté humaine, il en est tout autrement des progrès relatifs à notre conduite générale, dont les aberrations les plus funestes et les plus insensées servent une multitude de passions et d'intérêts pervers, ardents à les faire naître, à les maintenir et à en profiter par tous les moyens en leur pouvoir.

C'est donc bien ici que la question sociale se complique de la déplorable intervention de tous les mobiles pernicieux que comporte la nature humaine, — ceux qu'ils animent se servant de tous les progrès acquis, et surtout de la parole, de l'écriture et du livre lui-même, pour lutter, par l'erreur ou le mensonge, contre toute amélioration réelle de nos tendances politiques, économiques et morales, pour substituer la confusion ou les ténèbres aux lumières salutaires que nous avons pu conquérir. On comprendra, dès lors, qu'avant de formuler l'ensemble des lois naturelles que nous avons à décrire, et dont ces mêmes mobiles s'efforcent d'obtenir ou de maintenir la transgression, nous avons encore à examiner et combattre les principaux de ces détestables obstacles à notre perfectibilité. Ce se sera l'objet de la section suivante.

[1] *Le bon sens dans les doctrines morales et politiques.* Paris, 1878, Guillaumin et Cᵉ, 2 vol. in-8ᵉ, tome I, pages 220 et suiv.

DEUXIÈME SECTION.

Des principaux obstacles qu'opposent à notre perfectibilité : 1° Nos penchants ou mobiles pernicieux ; 2° Les erreurs ou mensonges que ces mauvais mobiles s'appliquent à faire régner; 3° D'autres erreurs, non moins funestes, mais plus ou moins sincères.

Nous avons pu nous assurer pleinement, dans le cours de la précédente section, que l'homme est le seul des êtres animés de la création terrestre qui ait été doué d'une intelligence libre et du pouvoir de perfectionner, par ses propres efforts, ses facultés natives, dans des limites indéfinies, — privilèges dont le bon usage lui a déjà permis de réaliser des résultats paraissant à bon droit prodigieux, si l'on se reporte à son impuissance originaire. De tels privilèges ne montrent-ils pas clairement que, dans les vues ou les desseins du suprême auteur des choses, l'homme mental est un être essentiellement différent, et incomparablement au-dessus des animaux, lesquels ne sortent point encore, — par les instincts, inflexibles sans notre propre action, — qui dirigent toute leur activité, des œuvres mécaniques du créateur? Et, dès lors, n'est-il pas à croire, qu'ayant une tout autre mission que celle de l'animalité, de toutes autres destinées lui sont assurément réservées.

Mais quels ont pu être les desseins de la divine intelligence, autant du moins qu'il nous soit permis d'en juger par tout ce que nous pouvons observer et méditer, en nous donnant à la fois de bons et de mauvais penchants, et pourquoi placer en nous ces mobiles contradictoires?

Peut-être y a-t-il ici une évidente confirmation de ce que nous venons d'insinuer quant aux destinées réservées à l'homme mental. En nous douant d'une intelligence libre, et dès lors comportant la responsabilité de ses déterminations, — que ne sauraient évidemment comporter des créatures agissant mécaniquement, — le suprême auteur de notre nature a-t-il pu avoir un autre dessein que celui de nous donner la possibilité de mériter ou démériter auprès de lui par nous-mêmes, en perfectionnant ou dégradant nos facultés? Et si c'est bien là l'intention divine à notre égard, n'est-il pas évident qu'elle ne pouvait être remplie que par le mélange, en nous, de bons et mauvais mobiles, entre lesquels nous avons la liberté de nous déterminer; — seules conditions pouvant nous permettre de mériter ou démériter par nous-mêmes, puisque si nos mobiles eussent été tous bons, ou tous mauvais, nous n'aurions pas eu à choisir, et qu'alors nulle initiative, nulle liberté de détermination, n'auraient pu nous appartenir?

La réalité de l'existence en nous d'un mélange de bons et de mauvais penchants, a été dénaturée par les légendes religieuses substituant à notre propre action les suggestions de démons ou d'anges gardiens, ce qui devait nous soustraire à la responsabilité de notre conduite; — elle n'a été niée que par l'utopiste Fourier; mais elle est la plus incontestable de toutes les évidences, puisque nous ne cessons de la sentir en nous et de l'observer chez nos semblables; or, cette réalité prouve entièrement celle de l'intention divine que nous avons supposée. La certitude que la liberté des hommes est dans la même intention prouve non moins indubitablement que la liberté est la première des lois naturelles que nous avons à observer, — en n'oubliant point qu'elle appartient également à tous les hommes en état de répondre de leur conduite, et que dès lors elle doit être limitée, chez chacun d'eux, par le respect absolu de celle des autres.

Tout cela nous paraît suffisamment révéler que la vie actuelle n'est, pour l'homme, qu'une épreuve après laquelle sa personnalité mentale doit nécessairement persister pour en recevoir la sanction. Cette révélation est assurément l'une de celles que l'on puisse le plus légitimement induire de tout ce que nous avons pu observer et connaître jusqu'ici. Les révélations prétendues divines sont absolument inadmissibles, non seulement parce qu'elles sont diverses, contradictoires et variables avec le temps, mais encore parce que notre suprême créateur n'aurait pu nous tracer lui-même les règles de notre croyance et de notre conduite, sans altérer profondément notre liberté, pouvant seule nous permettre de mériter ou démériter *par nous-mêmes*.

Nous abordons maintenant les sujets d'étude indiqués pour cette deuxième section.

Parmi les nombreux mauvais mobiles, en opposition aux penchants bienfaisants, que comporte notre nature, il en est un, surtout, qui remplace à lui seul le principe du mal de Zoroastre, personnifié dans *Ahriman* et son armée de mauvais anges — et le *Satan* des juifs et des chrétiens, avec sa bande de démons : c'est celui qui nous nous pousse à dominer et asservir nos semblables, à oublier qu'ils le sont, au point de les traiter, — autant que nous le pouvons et qu'ils le souffrent, — à l'égal de nos bestiaux, et en tout cas, à nous satisfaire à leurs dépens le plus amplement possible.

C'est ce pernicieux mobile qui, jusqu'ici, a été la cause principale des maux que l'humanité s'est infligée à elle-même et qui, depuis près d'un siècle a, partout en Europe, arrêté l'essor de la civilisation ascendante, que semblaient devoir déterminer sûrement les progrès exceptionnels, accomplis pendant la même durée dans les sciences et dans l'industrie; car, ainsi que nous le montrerons dans notre quatrième section, c'est ce même mobile qui, à partir de 1792, a déchaîné sur nos civilisations le fléau des grandes guerres, rendues plus formidables, plus dégradantes et plus ruineuses que jamais par le concours à l'accomplissement de leurs ravages de toute la partie la plus vigoureuse des nations, — ce qui a plus retardé les civilisations par les désastres, les dilapidations, les impôts écrasants, et surtout les corruptions ou dégradations intellectuelles et morales, qu'un tel fléau inflige aux peuples sur lesquels il sévit, que n'ont pu les avancer les progrès scientifiques et industriels accomplis.

De tels progrès, d'ailleurs, ne sauraient pleinement fructifier qu'en sécurité et en liberté, conditions absolument inconciliables avec de telles guerres qui, même dans les intervalles de paix, font encore peser sur l'activité productive le fardeau de formidables armées permanentes, lui enlevant à la fois de grandes ressources et les bras les plus valides. La permanence de ces armées est d'ailleurs une menace constante de guerre, à laquelle tous leurs chefs aspirent ardemment, parce qu'elle leur offre des chances d'avancement; en sorte que le moindre prétexte suffit pour leur donner satisfaction.

Ce fléau des guerres et des armées permanentes s'associe à un autre non moins redoutable, et aussi déplorablement opposé aux progrès de notre perfectibilité; c'est celui de l'exagération des attributions et de l'action de l'autorité sociale, de ce que l'on nomme le *Gouvernement* ou l'*État*.

Il est bien vrai, qu'avec toutes nos mauvaises passions, la défense des droits communs, et des légitimes intérêts de tous, serait impossible si elle était laissée à chaque famille ayant à y pourvoir en particulier et sans concert avec les autres. L'union facultative pour exercer en commun la violence et le brigandage, aurait bientôt raison de ces défenses isolées. Il est donc indispensable que, chez toute nation organisée, une *protection sociale* soit instituée pour cette défense et pourvue de tous les moyens et forces nécessaires pour l'assurer entièrement; c'est la première et indispensable condition de tout régime social, conçu en vue du maintien de la sécurité et de la liberté de tous, — sans laquelle il n'y aurait plus qu'une lutte générale et incessante pour s'arracher tous les produits accumulés et existants de nos besoins, sans nul effort pour en reproduire aucun autre, puisqu'il serait aussitôt mis au pillage. La masse entière des accumulations conservées serait ainsi rapidement épuisée, et les populations en proie à une telle fièvre de dévalisation mutuelle,—qui est précisément le régime préconisé par nos *anarchistes* du jour, seraient bientôt anéanties.

La force protectrice dont nous parlons est donc bien sûrement la plus absolue des nécessités sociales; — mais à la condition expresse de ne pas sortir des limites que nous lui avons assignées : *La défense pleinement efficace des droits communs et des légitimes intérêts de tous et de chacun.* Cette formule est trop concise, sans doute, pour donner à elle seule une idée suffisante de toutes les attributions, assez nombreuses, qu'elle comprend et, par exemple, la gestion ou l'amodiation de propriétés qui, par leur nature, doivent rester communes ou nationales, telles que les cours d'eau, les richesses souterraines, etc. Nous avons donné ailleurs un résumé complet de ces attributions, mais ne pouvant reproduire ici ce résumé de plus de deux cents pages, nous nous bornons à y renvoyer ceux de nos lecteurs auxquels la précédente formule ne suffirait pas à rappeler tout ce qu'elle embrasse réellement [1].

---

[1] *Essais sur la science sociale.* Paris, 1867, Guillaumin et Ce, 2 vol. in-8, tome II, p. 270 à 554.

Au surplus, l'autorité dont il s'agit doit rester principalement et presque uniquement protectrice, et c'est méconnaître et dénaturer entièrement sa vraie mission, que d'en faire au lieu d'une *protection sociale,* une *régie directrice,* c'est-à-dire une *domination* de la société.

Il est à remarquer que la dénomination de *Gouvernement*, employée dès les premières organisations de sociétés, pour désigner la force collective qui les régissait alors absolument, dénomination qui n'a encore été répudiée nulle part, a constamment tendu à fourvoyer les esprits à cet égard : *Gouverner* c'est régir, ordonner, diriger, sans limites déterminées, et toute limitation semble dès lors inconciliable avec un *Gouvernement national*. Aussi n'avons-nous rien compris, en France, à cette devise adoptée par un journal de l'Union Américaine du Nord : « Le monde est trop gouverné. » — Nous pensons généralement, qu'au contraire, il ne l'est jamais assez, et tous nos gouvernants, sans exception, sont de cet avis.

Les déplorables et décevantes lubies régnant chez nous à ce sujet, ne pouvaient manquer d'y développer à outrance, et plus que partout ailleurs, la peste du socialisme d'État, c'est-à-dire l'absorption de plus en plus entière de l'activité sociale par celle des gouvernements, cause principale de la ruine des civilisations antiques. Aussi marchons-nous rapidement, depuis quelques années surtout, à faire régir autoritairement et progressivement, par des fonctionnaires, tous nos travaux sans exception ; tels sont ceux des enseignements de tout ordre, aujourd'hui entièrement accaparés par nos régisseurs qui, plus que jamais, nous élèveront à leur guise. Ceux de l'agriculture, des manufactures, du commerce et tous autres, sont poussés de plus en plus vers le même régime, par les *syndicats légaux,* ne pouvant que nous ramener aux maîtrises et jurandes, par les droits protecteurs qui ne sont que des vols légalisés, et par nos innombrables réglementations. Tous ces travaux ne sont jamais améliorés que par la liberté, et il est de toute certitude qu'ils se dégraderont d'autant plus, qu'il y aura plus de fonctionnaires pour les régir, un tel état de choses nous conduit sûrement aux mêmes résultats que ceux du régime préconisé par nos anarchistes, dont nous parlions tout à l'heure.

L'exagération des attributions de l'autorité sociale, si fallacieusement nommée *gouvernementale* est donc bien réellement l'un de nos plus grands fléaux. Il s'unit à celui de la guerre et des grandes

armées, parce que celles-ci sont une force rassurante pour la sécurité de la masse des exploitants nationaux, parmi lesquels les chefs
militaires sont, d'ailleurs, des mieux partagés. Une troisième force
dominatrice se joint presque toujours aux deux autres, et même a
pu longtemps et souvent se les subordonner; — c'est la dominatin
religieuse ou sacerdotale. Avec cette adjonction, l'organisation de
l'exploitation nationale est complète, et alors, l'immense nuée d'oiseaux de proie, vivant plus ou moins largement du budget, — et
l'Ahriman, le satan et les démons animant tous ces vautours, font
parfaitement leurs affaires.

On se demandera sans doute comment, avec des lumières définitivement acquises, et plus que suffisantes pour faire pleine justice d'un pareil état de choses, la grande masse de ceux qui en souffrent, et qui, malgré l'effrayante multiplication des exploitants, sont
encore au moins dix contre un, peut se résigner à se laisser ainsi
asservir et dépouiller de plus en plus : cela s'explique d'abord, par
le fait que les lumières acquises et préservatrices de tels fléaux,
notamment celles de la science économique, ne sont malheureusement que très peu propagées parmi nous, nos régisseurs excluant
de l'enseignement tout ce qui leur déplaît ou le transformant à leur
gré; — c'est, ensuite, que, si l'exploitation nationale est savam-
ment organisée, la défense des exploités ne l'est pas du tout, et ne
saurait l'être, grâce aux directions autoritaires imposées à leur intelligence, qui les ont rendus incapables de discerner sûrement ce
qui les sert et ce qui leur nuit; — c'est, enfin et surtout, que les
dominateurs peuvent enseigner et propager, avec un succès assuré,
puisqu'ils ne souffrent pas de concurrents, toutes les erreurs et
tous les mensonges qu'ils jugent pouvoir le mieux étayer ou consolider leur puissance.

Le militarisme et le socialisme d'État se sont partagés la propa-
gation de doctrines diamétralement opposées à celles soutenues
dans toute notre étude, et que nous allons fidèlement résumer avant
de les combattre; ces doctrines prétendent établir péremptoire-
ment :

1° Que la guerre et les grandes armées, où nous voyons de redou-
tables fléaux poussant à la dégradation de l'humanité, sont la précieuse source de l'héroïsme, de la gloire, de la grandeur; *qu'il en
coûte trop d'être faibles* (paroles de M. Thiers), — et que nous ne
devons nullement regretter les nombreux milliards dépensés pour

reconstituer largement nos forces de terre et de mer, — détruites en partie par les vols de nos régisseurs du second Empire, et pour le surplus, par les Allemands que nous avions forcés à se battre ; — parce que ces forces nous assurent le respect de l'Europe et le rang qui nous appartient ; qu'en outre, nous leur devons déjà la consolidation de notre possession de l'Algérie, l'extension de celle du Sénégal, de celle de la Cochinchine, puis le protectorat de la Tunisie, de l'Annam, du Tonquin, du Cambodge et de Madagascar ; et enfin, tous les brillants et glorieux faits d'armes dont elles ont enrichi nos annales : qu'une nation qui n'apprécierait pas de tels services, aurait perdu tout sentiment de patriotisme et d'honneur !

2° Que la doctrine, déjà vieille, prétendant restreindre les attributions de l'État à sa mission de protection, c'est-à-dire à son rôle de *gendarme*, n'est plus soutenable auprès des gens instruits et sensés : « Il faut d'abord, qu'en outre de l'ordre et de la sécurité, « protection purement négative, la loi établisse entre tous les tra- « vaux de la société, des rapports convenables, de justes propor- « tions, une certaine mesure, qui maintiennent l'équilibre entre « les travailleurs et les acquéreurs, entre les produits et la con- « sommation ; sans cette tutélaire sollicitude, un peuple en posses- « sion de tous les trésors de la nature, et de tous les chefs-d'œu- « vre de luxe, risquerait à chaque instant de tomber dans la mi- « sère [1]. »

3° Que l'hérésie disputant la régie de l'enseignement à l'État, est encore moins soutenable, et plus contraire aux convictions des hommes supérieurs de tous les régimes : « Citoyens, disait Danton « à la Convention, dans ce moment où la superstition succombe pour « faire place à la raison, vous devez donner une centralité à l'in- « struction publique, comme vous en avez donné une au gouver- « nement. » — « Personne, ajoutait Cambon, ne peut s'opposer à « la proposition de Danton, parce que nous voulons tous l'unité de « la République, et que cette unité ne peut subsister sans celle de « l'instruction, des lumières. » (Séance du 6 frimaire an II.) « L'u-

---

[1] *De l'influence des lois sur les mœurs et des mœurs sur les lois*, par J. Matter, inspecteur général des études (et depuis membre de l'Institut) Paris, Firmin-Didot, 1813, 1 vol. in-8, pages 527, 528. On voit que les stupidités reproduites entre guillemets ne sont pas, comme on pourrait le croire, de l'un de nos socialistes utopiques communiste ou collectiviste, mais de l'un des régisseurs principaux de notre enseignement autoritaire. Nous en citerons d'autres plus haut placés encore, parmi les régisseurs émérites de nos divers gouvernements.

« nité de la République, disait Lakanal, appelle l'unité de l'ensei-
« gnement. » (Séance du 7 brumaire an IV.) — Telles étaient les
opinions de la Convention. On connaît celles de Napoléon Ier et de
son entourage : c'est toujours pour assurer *l'unité de l'Empire*,
qu'ils fondèrent notre Université actuelle, et voici ce que disait de
cette institution, le chef des libéraux de la Restauration. « L'Uni-
« versité n'est autre chose que le gouvernement appliqué à la di-
« rection universelle de l'instruction publique. Elle a été élevée
« sur cette base fondamentale, que l'instruction et l'éducation pu-
« blique appartiennent à l'État et sont sous la direction supérieure
« du Roi. » (Opinion de M. Royer-Collard sur l'article 4 du titre 9
de la loi des finances de 1817.) Voici maintenant la doctrine des
hommes d'État de la monarchie de 1830. « Réunir tous les établisse-
« ments d'éducation en un grand corps soumis à la surveillance de
« l'autorité supérieure, placée elle-même au centre du gouverne-
« nement, et donner à cette autorité tous les moyens de distribuer
« convenablement l'instruction et de propager les bonnes doctrines
« religieuses, morales et politiques... tel est et tel sera toujours
« l'intérêt social..... L'instruction publique appartient à l'État. »
(*Essai sur l'histoire et sur l'état de l'instruction publique en
France*. Paris, 1817, pages 74, 77, 79, par M. Guizot, l'ancien
ministre.)

Le conseiller intime du second Empire, M. Troplong, dans une
publication ayant pour titre : *Du pouvoir de l'État sur l'enseignement*, soutient que la direction de cette fonction lui appartient par
deux raisons : « La première, c'est que l'instruction de la jeunesse
« fait les mœurs et la discipline des États, et qu'il faut que le gou-
« vernement la façonne par des lois conformes au principe de sa
« propre durée (doctrine de Montesquieu); la seconde, c'est que
« l'éducation publique se donne nécessairement par des réunions
« et des assemblées qui, par leur nature, ne peuvent exister que
« par la permission de l'autorité. »

Enfin, tous les régisseurs de notre régime actuel, depuis quinze
ans, ont été unanimes pour le maintien de notre enseignement autoritaire et pour tripler, tout au moins, son extension. Devant cette
unanimité de convictions chez tous ceux qui ont gouverné la France
depuis près d'un siècle, nos gouvernants actuels demandent s'il ne
serait pas puéril, de s'arrêter davantage à cette utopie de l'enseignement remis à l'activité privée, dont la réalisation ferait succé-

der à l'ordre et à l'unité des tendances, l'anarchie la plus désordonnée.

Tel est le sommaire exact et à peu près complet, des erreurs et mensonges que le militarisme et le socialisme d'État, se sont donné mission d'enseigner et propager, dans l'intérêt d'une exploitation de la nation française, aussi satisfaisante que possible pour toutes leurs convoitises. Le concours du sacerdoce romain ne leur a fait défaut que lorsque les intérêts et la puissance de ce troisième ordre de dominateurs, pouvaient lui paraître menacée; par exemple, de 1789 à 1791, puis pendant la première République; ensuite vers les premières années de la Monarchie de 1830, pendant la République de 1848, et enfin, depuis le régime actuel; mais sous le premier Empire, sous la Restauration, et pendant toute la durée du second Empire, son concours a été aussi zélé et ardent que jamais; — sur la question de l'enseignement, d'ailleurs, ce sacerdoce ne demande qu'une entière liberté, sous la seule condition qu'elle soit interdite à ses contradicteurs.

Quoi qu'il en soit, les leçons du militarisme et du socialisme d'État, ont pleinement réussi auprès de la majorité lettrée de notre spirituelle nation. L'éducation qu'elle a reçue lui plait si fort, qu'elle est irrévocablement persuadée, — non par vanité sans doute (elle ne l'avouerait pas); mais par... patriotisme, qu'aucune autre nation ne saurait prétendre à l'égaler. Nous espérons pourtant qu'auprès de ce qui peut nous rester d'esprits encore ouverts à la vérité et au bon sens, nous n'aurons pas grand'peine à faire pleine justice, des stupides et pernicieux enseignements que nous venons de résumer.

Les éloges que le militarisme dominateur donne à la guerre, cette noble source d'héroïsme, de gloire et de grandeur, sont ce qu'il y a de plus audacieusement insolent dans tous les enseignements de nos exploiteurs : ils nous disposent ainsi à admirer et glorifier ce qui a le plus aidé, 1° à satisfaire, par notre asservissement, leurs passions dominatrices et cupides; 2° à paralyser ou fourvoyer déplorablement nos mobiles de perfectibilité, pour y substituer des instincts féroces empruntés à l'animalité, et des plus honteusement dégradants pour nous; 3° à ruiner la nation, par la création et l'entretien, en pleine paix, d'une armée de plus de onze cent mille hommes et d'une marine militaire formidable, ayant uniquement servi à fonder ou étendre de prétendues colonies ou protectorats, dans des climats malsains et inhabitables pour nous, déjà peuplés de populations trop nombreuses et faméliques, dont nous accroissons la misère, qui nous détestent cordialement, et que nous mitraillons sans pitié, — relations qui ne nous rendront jamais la dix millième partie de ce que nous y sacrifions stupidement. C'est ainsi, nous dit-on, que nous éviterons de paraître une nation sans patriotisme et sans honneur!

Nous savions déjà que l'honneur n'est que *l'un des sobriquets de la vanité* (J.-B. Say), et qu'on le place souvent dans de très méprisables prétentions ; mais le patriotisme que l'on nous prêche ici serait bien pis : ce ne serait plus un simple déguisement de la vanité, mais un moyen de dissimuler les mobiles les plus pernicieux sous le masque de la patrie.

Depuis 1792 jusqu'à l'usurpation du premier Bonaparte, le vrai patriotisme, — qui ne consiste nullement dans la malveillance ou la haine contre les autres nations, mais dans le désir ardent de soustraire celle à laquelle on appartient, à la servitude et à l'injustice, — avait inspiré nos masses pendant leur énergique et vraiment glorieuse défense contre toutes les forces coalisées des monarchies de l'Europe; mais depuis cette usurpation, et pendant la durée du premier Empire, notre armée ne fut plus que l'instrument d'un despote à la manière des Césars romains, et les prouesses qu'elle accomplit pour donner des trônes à la famille de l'usurpateur ne sauraient la couvrir, quoi qu'en disent nos exploiteurs et leurs nombreuses dupes, que d'une gloire du plus mauvais aloi, — qui, judicieusement appréciée, ne serait qu'une honte. — Et il n'en est pas autrement, au contraire, des guerres du second Empire.

Aussi longtemps que nous serons assez aveugles pour méconnaître de telles vérités, la gloire militaire ne sera que le leurre le plus efficace pour nous fourvoyer honteusement.

Nous avons vu, par le témoignage de M. l'Inspecteur général des études Matter, que, sous la Monarchie de 1830, nos régisseurs bourgeois, pas plus que leurs prédécesseurs de la Restauration, n'étaient nullement disposés à se borner à la mission protectrice des droits communs et des légitimes intérêts; mais qu'ils tendaient largement à développer le socialisme d'État, et qu'au lieu de laisser la partie essentielle de l'activité nationale, les travaux producteurs, — les échanges, — toutes les évolutions économiques, — à la liberté, qui peut seule les féconder progressivement, ils s'évertuaient autant que jamais à entraver dommageablement ces activités, par leurs directions impératives, leurs réglementations, leurs taxes prétendues protectrices et uniquement spoliatrices.

Or, nos régisseurs actuels ne se sont pas contentés de ces précédentes entraves; ils les ont considérablement multipliées et aggravées et poussent le socialisme d'État jusqu'à vouloir régir eux-mêmes, à l'aide de leur centaine de myriades de fonctionnaires ou agents, l'ensemble tout entier de l'activité économique, sauf à voir se raréfier rapidement, et de plus en plus, l'ensemble de nos moyens d'existence. A cet égard, ils sont aussi éloignés de vouloir rien rabattre de leurs prétentions que le serait la grande majorité de nos officiers militaires, de souscrire à la réduction de notre armée permanente et de notre marine de guerre, au dixième de leur effectif actuel, sauf à former et entretenir des milices comme en Suisse, ce qui pourtant serait le moyen, comme nous le prouverons plus loin, d'assurer notre défense nationale incomparablement mieux qu'elle ne l'a jamais été, en la rendant à la masse des intéressés, qui ne pouvait faire une plus lourde faute que de s'en laisser dessaisir par des régisseurs, auxquels elle a donné ainsi les moyens de l'exploiter — sans merci, quelle que soit la forme de nos gouvernements. C'est à cette masse d'intéressés qu'il appartiendrait de faire justice d'une telle exploitation; mais c'est à quoi elle ne saurait seulement songer, tant qu'elle sera élevée au gré de ceux qui l'exercent.

Cette institution de l'enseignement autoritaire par l'État, c'est-à-dire par les dominateurs nationaux, a été la clef de voûte de nos divers régimes sociaux, surtout depuis le commencement de ce siècle. Nos régisseurs actuels, notamment, se croient parfaitement certains que c'est là l'unique et infaillible moyen de former des populations fortement reliées entre elles, par l'unité d'instruction, et dès lors, d'opinions et de tendances. Mais tous leurs devanciers ont prétendu, comme eux, rester fidèles à la maxime de Montesquieu, d'après laquelle chaque régime doit diriger l'enseignement dans le sens le plus favorable à sa propre durée; c'est-à-dire conformer le plus possible à son image l'esprit des populations — enseignées. Or, nous avons changé bien souvent de régime social, — quinze ou vingt fois tout au moins depuis 1789, et cela a dû laisser une variété d'*images* bien peu favorable à l'unité poursuivie.

Mais pour juger facilement combien une telle poursuite, en la supposant sincère, était vaine et a pitoyablement échoué..., il suffit de jeter un coup d'œil sur notre société actuelle et sur les innombrables partis qui la divisent et la subdivisent : assurément on n'en compterait pas autant dans tout l'ensemble des autres nations de l'Europe. Si l'on voulait figurer notre désunion nationale sur un grand manteau d'arlequin, où seraient appliquées toutes les couleurs et nuances diverses que l'on peut distinguer, on n'en trouverait pas assez pour égaler le nombre de nos discordances notables.

Cela confirme définitivement une conviction formée en nous depuis plus d'un demi-siècle ; c'est que le seul moyen réellement efficace de faire servir l'enseignement général à l'union nationale, est de le remettre, en même temps que les cultes religieux, à la libre activité privée ; toujours sous la condition du respect absolu des personnes, des droits communs et des légitimes intérêts de tous. De telles conditions n'amèneraient pas plus le désordre et l'anarchie dans ces services, qu'elles ne les amènent dans tous les autres travaux restés libres. L'enseignement n'a rien d'anarchique en Suisse, ni partout où l'État n'est pas chargé de le diriger ; tous les cultes honnêtes, qui ne sont pas l'organisation du libertinage — comme celui des mormons, vivent en paix aux États-Unis, bien qu'ils y soient divisés en nombreuses communions différentes ; en sorte que ceux se chargeant de tels services, n'ont qu'à satisfaire le plus possible ceux qui les demandent, et qu'ils y réussissent d'autant mieux, qu'ils ne s'interdisent pas la faculté d'innover pour perfectionner, la concurrence les obligeant, au contraire, à perfectionner sans cesse, s'ils ne veulent pas voir leurs services délaissés. Cela peut faire suffisamment comprendre pourquoi, ceux qui veulent régir l'enseignement et les cultes, non pour les perfectionner, mais pour les faire servir à leurs desseins, ne sauraient voir, dans la liberté de tels travaux, que désordre et anarchie ; — et pourquoi encore, si la succession de régimes différents ou opposés, dans la gestion autoritaire de l'enseignement et des cultes, divise nécessairement la nation qui subit de tels changements, — l'émulation constante, résultant de la liberté et de la concurrence, pour un perfectionnement général de ces services ne pouvant être qu'identique tend, au contraire, à harmoniser et unifier les directions de conduite qu'ils déterminent.

Il nous reste encore, pour achever cette division, à signaler et combattre d'autres erreurs non moins décevantes et funestes, mais plus ou moins sincères.

Nous ferons remarquer ici qu'aucun des trois groupes principaux de dominateurs formés par le sacerdoce, le militarisme et le socialisme d'État, n'a tenu le moindre compte, dans l'enseignement des erreurs ou des mensonges dont ils se sont étayés, de l'importante vérité que tous les esprits lucides et sincères ont reconnue depuis longtemps, et que nous croyons avoir pleinement démontrée au début de cette section, — constatant que, par sa nature, par le privilège de se perfectionner indéfiniment, au moyen de ses propres efforts, par le mélange des bons et mauvais penchants se trouvant en lui, — et par l'évidente intention qu'un tel assemblage de conditions révèle en son divin auteur, l'homme est un être devant rester essentiellement libre et responsable dans ses déterminations, — liberté que son groupement en sociétés ou nations n'altèrerait nullement, et assurerait au contraire, si la force ou l'autorité sociales étaient restreintes à leur mission protectrice, — celle de défendre la liberté, les autres droits communs, les intérêts légitimes de tous. Il est donc bien certain que tout régime social qui, au lieu d'assurer cette défense, fait *dominer*, et dès lors nécessairement *exploiter* les uns par les autres, est une violation de la nature humaine et des desseins qu'elle révèle dans l'intelligence souveraine dont elle est l'œuvre. Or, cette violation, — flagrante dans les régimes que nous venons d'examiner et combattre, — ne l'est pas moins dans toutes les conceptions du socialisme utopique dont nous allons nous occuper, et se trouve encore, en germe, dans des erreurs sincères dont l'examen terminera cette section.

Une telle violation se trouve à la base de chacun des systèmes du socialisme moderne en expectative : des communismes de Babœuf, Robert Owen, Cabet, Louis Blanc, M. Vacherot, etc., — des collectivismes allemands et français, — du saint-simonisme et du fouriérisme. Ces différents systèmes, quelles que soient leurs diversités, s'accordent, en effet, à ne pas accepter l'homme tel qu'il est, — surtout l'homme libre, — et à vouloir le refaire à leur guise : — d'abord, à répudier la propriété privée ou de famille, laquelle est absolument indispensable à toute liberté réelle, puisque dès que l'on fait de toute propriété le patrimoine commun, nul ne peut plus agir dans son intérêt propre ou dans celui de sa famille, comme sa nature l'y invite, et doit inévitablement abandonner la direction de ses facultés, de ses besoins et de leur satisfaction, ainsi que ceux de sa femme s'il est marié, et de ses enfants s'il en a, aux régisseurs de la communauté; — ensuite, à remplacer totalement, dans l'ensemble des travaux producteurs, du partage de leurs fruits et de la satisfaction des besoins, toutes les libertés et activités individuelles, par de merveilleuses réglementations de leur invention, devant être rigoureusement observées sur tous les points; mais auxquelles tous se conformeraient avec passion, dès qu'ils auraient goûté les félicités qu'elles leur assureraient infailliblement. Le malheur est qu'aucun de ces systèmes n'a pu être amené à fonctionner assez de temps, pour donner le moindre échantillon des félicités promises.

Le saint-simonisme, dont les prédicateurs s'étaient recrutés parmi les élèves émérites de nos enseignements autoritaires, notamment de l'école polytechnique (la poule aux œufs d'or), n'aspirait à rien moins qu'à former un jour, de l'humanité entière, une seule famille, maintenue sous la régie du *prêtre* (un être fantastique composé du père et de la mère *spirituels*). Ce prêtre en deux personnes régnant uniquement par l'amour et l'harmonie. Le premier père spirituel avait été trouvé; c'était M. Enfantin (un nom prédestiné pour un père); mais la mère, attendue avec anxiété, a toujours fait défaut, — puis le père fut mis... en prison! d'où il sortit pour émigrer, avec ses plus fidèles croyants, en Égypte, où ils ne réussirent pas mieux qu'en France; ce qui entraîna la chute du système théorique et la dispersion de ses partisans, paraissant devenue définitive.

Le fouriérisme s'est montré plus tenace : son fondateur était fermement convaincu que, contrairement à l'opinion commune, l'homme n'avait pu recevoir de son divin créateur aucun penchant ou mobile malfaisant, ou même seulement inutile, et qui ne puisse servir largement s'il est placé dans des conditions permettant à la fois de le satisfaire, et d'en tirer le meilleur parti pour tous; or, il croyait, non moins fermement, avoir fait de merveilleuses découvertes réalisant de telles conditions; — d'abord, celle d'après laquelle tous nos mobiles se réduiraient en douze passions, ni plus ni moins; — ensuite, de rendre tous les travaux, sans exception, aussi attrayants que les amusements enfantins, en les variant et alternant en courtes séances; enfin, celle de l'attraction passionnelle, découverte qu'il élevait lui-même à la hauteur de celle de Newton, et ensuite de laquelle, et à l'aide d'une résidence de son invention, qu'il nommait le phalanstère, nos douze passions s'associant, nous organisant en phalanges, et combinant elles-mêmes leur action, maintiendraient constamment chaque personnalité, dans la voie qui peut le mieux lui donner satisfaction, et la faire concourir le plus efficacement au bonheur général. On conçoit combien la conviction d'avoir pu faire des découvertes auxquelles il attribuait de telles portées, a dû gonfler la vanité de l'inventeur.

Hélas! ces prétendues découvertes ne sont pas autre chose que des rêves, non moins extravagants que toutes les folies cosmogoniques et psychologiques, que Fourier n'a pas hésité à publier en même temps. Rien de plus contraire à ce qu'il y a de mieux constaté dans la nature de l'homme et des choses, et de plus radicalement impraticable, que tout ce qu'il est possible de comprendre dans le régime social qu'il a essayé de formuler, à partir de la première publication de sa *Théorie des quatre mouvements,* jusqu'au *Traité de l'unité universelle.* — Il semble que les méditations obstinées auxquelles il s'est livré pendant un long isolement, pour inventer son monde imaginaire, aient rendu son esprit tout à fait incapable de revenir au monde réel.

On sait assez que les nombreuses tentatives que l'on a faites, en divers pays, pour y fonder des phalanstères, ont toutes misérablement avorté, dès le début, sans aucune exception; il en a été de même, après peu de temps, de la *Newharmony* d'Owen, de *l'Icarie* de Cabet, de la doctrine du dévouement aux incapables de Louis Blanc, etc., etc.; mais cela n'a pas suffi pour ramener au bon sens les sectateurs de ces aberrations : le fouriérisme est encore représenté chez nous par une revue mensuelle, — *Le mouvement social,* où M. Victor Considérant, l'ancien propagateur de la doctrine, dans la *Phalange* et la *Démocratie pacifique,* est venu en dernier lieu, comme préambule à une *Critique de Fourier et de sa première école,* s'exercer à d'ardentes prouesses, rappelant au mieux celles du chevalier de la Manche, contre les vérités le mieux démontrées de la science économique.

Ce sont là les vérités les plus antipathiques aux socialismes utopiques de toute école : un certain instinct semble les avertir qu'elles sont à la veille, en rendant indubitable que toute répudiation de la liberté individuelle ne peut aboutir qu'aux dégradations de l'esclavage, de rendre évidente, pour tout esprit non affolé, la stupidité absolue de leurs doctrines; ils n'ont d'ailleurs nullement songé à s'enquérir des faits, des lois naturelles, ni d'aucune des raisons qui font des principes économiques dont il s'agit, de véritables axiomes scientifiques ; ils ont seulement supposé, sans plus d'examen, que les régimes sociaux en vigueur en Europe sont fondés sur ces mêmes axiomes, alors que la plupart d'entre eux persistent à les enfreindre désastreusement, par leurs directions politiques, économiques, morales, et surtout leur détestable socialisme d'État ; mais on comprend qu'une telle supposition, quelque absurde qu'elle soit, permet à nos utopistes de rendre les vérités économiques responsables des méfaits de tels régimes.

Quant à leurs doctrines utopiques, nous croyons avoir assez justifié, par ce qui précède, que leur examen n'est nullement du ressort de la logique, — mais bien de celui de la thérapeutique aliéniste, aux docteurs de laquelle nous ne pouvons que renvoyer les malades.

Il nous reste à examiner une autre série d'erreurs que nous croyons parfaitement sincères chez ceux qui les professent, mais aussi dangereuses et funestes que contraires à la vérité. C'est celle de deux écoles diamétralement opposées entre elles sur presque tous les points, mais s'accordant pleinement à nier la liberté humaine. L'une d'elles est l'école positiviste ou *évolutioniste,* héritière en partie des doctrines matérialistes, et professant que toutes les évolutions que nous pouvons observer, même celles de la conduite humaine, sont l'œuvre de lois naturelles, aussi inflexibles que celles forçant la pierre lancée en l'air à retomber sur la terre, — absolument indépendantes de toute volonté initiale de l'homme, qui les subit même alors qu'il croit s'y soustraire. L'autre école se rattache au spiritualisme, mitigé de religiosité, et enseigne, avec Fénelon, *que l'homme s'agite, mais que Dieu le mène; attendu que le jeu de notre liberté, prévu et ordonné par Dieu même, ne peut s'écarter de ses desseins.*

Voilà donc deux écoles, fort divergentes, mais s'accordant parfaitement en ce point : la négation absolue de toute liberté humaine. La première, peut-être, ne croit pas à la responsabilité de l'homme mental après la mort du corps ; mais la seconde y croit expressément, et comment alors peut-elle ne pas voir qu'une liberté dont toutes les évolutions ont été prévues et ordonnées d'avance, sans notre participation, nous est absolument étrangère et ne saurait laisser la responsabilité de notre conduite qu'à son tout puissant ordonnateur ?

Quoi qu'il en soit, si l'on admet qu'une telle négation soit l'expression de la vérité, il faut nécessairement en conclure que tout ce que nous avons rappelé jusqu'ici, et tout ce qui a été publié sur l'homme, ses facultés et leurs produits, ne sont que des amas d'erreurs; — qu'il est faux, par exemple, que nous ayons seuls, parmi les êtres animés de ce globe, le privilège de nous perfectionner indéfiniment par nos propres efforts, — que nos volontés aient réellement concouru à multiplier et améliorer nos moyens d'existence à étendre notre action sur les forces et les matières de ce monde, à nous rendre les régisseurs d'une grande partie des phénomènes terrestres, — et — que ce soit à notre activité volontaire que sont dus nos langages, nos écritures, l'imprimerie, etc. — Tout cela résultant de lois divines inflexibles, ou de lois naturelles inconsientes, *immanant* des propriétés inhérentes à la matière; tandis que l'intelligence et la volonté des hommes n'ont fait que *s'agiter* stérilelement, sans autre résultat que de s'obstiner, de s'infatuer à croire qu'elles sont pour quelque chose dans ce quelles accomplissent et ne s'accomplirait pas sans elles, — méconnaissant ainsi l'autorité de tant d'esprits supérieurs, sachant fort bien qu'elles n'y sont absolument pour rien!

. Il résulte encore d'une telle négation, — d'abord, que les lois que nous édictons nous-mêmes, pour la protection des droits et intérêts légitimes de tous également, ou le maintien du bon ordre et de la sécurité publique, sont absolument sans objet et sans effet réel, puisque la conduite de chacun est invariablement fixée par des lois inflexibles auxquelles nul ne peut rien changer ni se soustraire; — ensuite, que nos lois pénales pour la répression des délits et des crimes, sont fort injustes, puisque de telles *évolutions* sont indépendantes de la volonté de ceux qui les accomplissent.

Il résulte, enfin, de la même négation, — et ceci est fort à remarquer, — que les différences si multipliées et si considérables, observables dans le degré de civilisation des diverses populations du globe, depuis celles restées sauvages et cannibales, jusqu'aux sociétés savantes de l'Europe, — depuis le groupe d'indigènes de la Terre de Feu, récemment exhibé à Paris, jusqu'au groupe formé par notre Académie des sciences, — ne pouvant résulter en rien des libres déterminations de ces populations, doivent nécessairement être imputées à des lois divines ou naturelles fort différentes des unes aux autres, et fort peu équitablement réparties.

Voilà, ce nous semble, assez d'absurdes conséquences indéniables de la négation de toute liberté humaine pour convaincre, même les adeptes des deux écoles qui l'enseignent, qu'ils ont laissé, sur cette question, leur intelligence s'égarer jusqu'à l'extravagance.

Il est donc bien certain que nos facultés intellectuelles et morales sont tout autre chose que l'instinct des animaux, ne leur laissant nullement l'initiative de leur direction, et que seuls, parmi les différents êtres animés de la terre, nous avons *la libre initiative et la responsabilité de nos propres déterminations*. On ne peut soutenir le contraire sans tomber, comme nous venons de le voir, dans une série d'absurdités voisines de la folie, et il est fort regrettable qu'une aussi étrange erreur ait été soutenue par des esprits aussi exercés, pouvant obtenir une grande influence sur l'opinion et paraissant disposés à soutenir avec Spinosa : « que la liberté est « une illusion d'enfant ou d'homme ivre, non moins digne de risée « que le serait celle d'une pierre, persuadée qu'elle tombe parce « qu'il lui plaît de tomber. »

L'intelligence humaine, croyons-le bien, n'est pas une pierre qui tombe, et sa liberté, loin d'être une illusion, est ce qui en fait tout autre chose que l'instinct; c'est la plus précieuse de nos facultés, la seule qui puisse féconder notre privilège de perfectibilité, et celle que nous devons défendre avec le plus d'énergie contre toute tentative de nos semblables, pour nous en priver, car sa perte équivaut à faire de nous des bestiaux asservis. Rien assurément ne saurait être, non plus digne de risée, mais plus déplorablement niais et stupide, que de croire bien agir en s'évertuant à empêcher, par la négation de sa réalité, que cette liberté soit respectée; c'est un service que nos oiseaux de proie paieraient cher au besoin et qu'on leur livre gratuitement.

Nous terminons ici ce que nous avions à dire des erreurs et des mensonges, qui contribuent le plus à faire prévaloir les mobiles pernicieux de l'humanité, sur ceux qui pourraient le mieux assurer son perfectionnement et sa prospérité relative, qui ne peut dépasser, en ce monde, l'extinction des maux qu'elle s'inflige elle-même, par les mauvaises directions où elle se laisse entraîner. — Et nous pouvons maintenant aborder l'exposé et la démonstration des principales lois naturelles dont l'observance ou la transgression, déterminent l'ascendance ou la dégradation des civilisations. Ce sera le sujet de notre troisième section.

TROISIÈME SECTION.

Des principales lois naturelles dont l'observance par la conduite la plus générale
de chaque nation, la place sûrement dans les voies d'une civilisation ascendante,
— celles de son perfectionnement et de sa prospérité relative; — tandis que
leur transgression par cette même conduite, n'amène que des résultats, d'autant plus inverses, que les transgressions sont plus graves.

Les lois dont il s'agit peuvent se diviser entre l'économie politique, la morale et la politique, formant les trois branches principales de la science générale de la conduite humaine. Dans chacune de ces divisions, on ne doit admettre, à titre de lois naturelles, que celles dont l'existence, la réalité, ont été entièrement constatées et rendues indubitables par l'observation et l'expérience.

Il est bien entendu que nous n'exposerons ici que les plus importantes de ces lois, celles dont l'observance ou la transgression influent le plus sur le sort des nations. Nous commencerons par l'étude de celles se rattachant à l'économie politique, la partie la plus importante de l'activité et de la conduite humaines, — pourvoyant à la satisfaction de nos besoins physiques intellectuels et moraux, — à tous ceux du moins qui nécessitent des travaux préalables, des productions, des services personnels pourvus de valeur échangeable. Elle ne juge pas des besoins *en eux-mêmes*, laissant à la morale et aux sciences médicales le soin de signaler ceux qui doivent être réprouvés et évités, comme contraires à la bonne conduite ou à la santé.

Ainsi que nous l'avons rappelé dans ce qui précède, la plus importante des lois économiques naturelles, est celle qu'impose à l'homme, en ce monde, comme conséquence de son privilège de perfectibilité par ses propres efforts, une mission constamment et fructueusement laborieuse, sans laquelle il ne saurait se perfectionner, ni développer et satisfaire ses besoins. Plus l'observance de cette loi est générale et constante, plus les populationss se perfectionnent et plus aussi elles prospèrent par la réduction des maux ayant leurs causes dans les mauvaises directions de la conduite. Dans tous les cas plus ou moins contraires, leur civilisation se montre, ou stationnaire ou rétrograde.

Mais toutes les individualités humaines arrivées à l'âge où peut commencer leur concours à l'accomplissement de notre laborieuse mission de perfectibilité, ne sauraient participer également à la rendre fructueuse; car rien n'est plus inégal et divers, des uns aux autres, que leurs facultés ou aptitudes physiques, intellectuelles, morales, — leurs passions ou sentiments affectifs, leurs caractères plus ou moins énergiques ou faibles. Le moindre effort d'observation suffit pour s'assurer que ces inégalités ou diversités, très multipliées, sont un fait général indéniable, une loi de notre nature; l'éducation ou l'enseignement, bien entendus, peuvent élever le niveau général d'une partie de nos facultés, mais ne changent pas les inégalités individuelles, empêchant que les mêmes enseignements profitent également à tous; c'est donc bien là incontestablement une loi imposée à l'humanité, montrant que le concours de chacun dans l'œuvre commune, ne peut être que fort inégal, au point qu'il n'est pas rare de voir les uns y participer des centaines et même des milliers de fois de plus que les autres.

Cette loi a été omise par les principaux fondateurs de la science économique, bien qu'elle soit au nombre des plus importantes qu'ils eussent à signaler.

Or, les lois naturelles ne peuvent être changées par l'homme : il ne peut qu'y conformer sa conduite s'il les connait et s'applique à leur observance, ou les enfreindre, par ignorance ou par passion. Comment donc doit-il agir en présence de la loi que nous venons d'indiquer? Cette question n'est rien moins, en réalité, que celle que tant de gens agitent de nos jours, comme devant donner la solution du *problème social*. Recherchons donc les diverses solutions qu'elle pourrait recevoir.

Faudrait-il, malgré les inégalités plus ou moins considérables du concours de chacun à la production de l'œuvre commune, admettre tous les participants à jouir également de cette œuvre; mais si l'on s'arrêtait à une telle solution, en s'évertuant à la réaliser, il en résulterait inévitablement que tous cesseraient de s'imposer des efforts pour faire mieux ou plus que les autres ; que les facultés ou aptitudes supérieures s'abaisseraient rapidement au niveau des plus infimes, et que l'œuvre commune irait s'amoindrissant jusqu'à l'anéantissement.

Une solution plus généreuse encore a été proposée par Louis Blanc, en 1848 : « Il faut donner à chacun selon ses besoins et obtenir de chacun selon sa capacité. » — Cela s'appelle la doctrine du dévouement, la plus noble de toutes selon ceux qui la prêchent, sans jamais prendre eux-mêmes l'initiative de son application ; malheureusement pour elle et pour d'autres, dont la prétendue noblesse n'est pas de meilleur aloi ; mais heureusement pour tout le monde, cette doctrine est précisément le contraire de la nature de l'homme. Notre suprême auteur, qui avait sans doute ses raisons pour vouloir et ordonner ainsi, a fait de l'intérêt privé ou de famille, notre mobile le plus constamment actif et le plus indestructible, — il n'est donc nullement à craindre que nous puissions le sacrifier constamment à celui d'incapables ayant de grands besoins.

Une autre solution de la même question est celle des Saint-Simoniens : « Donner à chacun selon sa capacité, et à chaque capacité selon ses œuvres. » — C'est fort bien ; mais par qui faire estimer les capacités diverses et les œuvres de chacune d'elles, de façon à contenter tout le monde ? La secte attribuait cette très difficile mission à son prêtre infaillible, mais fantastique, dont elle n'a jamais pu trouver qu'une moitié ; ce prêtre introuvable ne saurait donc résoudre la question, encore moins soluble par le dévouement des capacités aux incapables de bon appétit.

Elle ne saurait l'être non plus ni par aucun des autres systèmes du socialisme utopique, puisque tous suppriment les propriétés privées pour les mettre en commun, — ce qui rend radicalement impossible toute liberté de l'activité économique, même celle des consommations (il faut, pour ne pas le voir, un aveuglement intellectuel complet), — ni par le socialisme d'État, en train de faire dévorer, par les budgets qu'il livre à ses régisseurs et leurs armées, tout ce qui nous reste de propriétés privées. Il n'y a donc, en définitive, point d'autre solution réelle et valable de la question dont il s'agit que celle donnée par la science économique, et qui consiste à laisser aux libres accords de tous les intéressés sans exception, la détermination de ce qui est à recevoir par chacun de ceux concourant aux œuvres collectives; il serait d'ailleurs impossible de se passer de leur assentiment, général et préalable, sans arrêter complètement les travaux, car la part du plus grand nombre des participants, — le salaire — est généralement et à peu près indispensablement fixée d'avance.

Ce partage, au surplus, bien que généralement consenti par tous les intéressés, est loin de les satisfaire toujours : il est fondé sur des résultats présumés, mais qui ne sauraient être assurés, et il arrive trop souvent qu'ils ne satisfont personne; mais cela tient à des causes que nous indiquerons plus loin et qui ne changent et n'infirment en rien la nécessité de libres accords préalables sur la rémunération de tous ceux concourant à une même entreprise, nécessité que l'on ne saurait éluder sans empêcher de commencer tout travail librement consenti.

Ainsi la liberté est le seul régime normal, même pour la répartition des valeurs à produire, entre tous ceux qui concourent diversement et très inégalement à cette production; elle l'est tout aussi incontestablement à cet égard, qu'en ce qui concerne la production elle-même et les échanges; — bref, c'est la liberté seule qui doit régir toute l'activité économique, ce qui permet de réunir les plus importantes des lois naturelles se rattachant à cette branche de l'activité humaine, en une seule que nous formulerons ainsi :

Liberté entière des travaux producteurs, des échanges, de la répartition des rémunérations, entre tous ceux concourant aux entreprises productives — par leurs services personnels ou leurs capitaux, — sous les conditions très expresses que ces libertés soient également respectées chez tous, que toute violence à cet égard soit réprimée, et que nul ne puisse causer un dommage à autrui, sans être tenu de le réparer intégralement. On a vu que nous faisions, des services nécessaires pour assurer ces conditions, une partie de la mission essentielle et légitime de l'autorité sociale.

Maintenant, nous allons signaler avec soin toutes les conséquences principales de *l'observance* et de la *transgression* de la loi naturelle que nous venons de formuler, pour chacune des trois divisions sus-indiquées : production — échange — répartition.

PRODUCTION.

L'observance aussi générale et aussi constante que possible de l'entière liberté des travaux producteurs, assure leur perfectionnement continu dans toute l'étendue des limites que chacun d'eux peut comporter; attendu que chaque entreprise particulière ne saurait se maintenir et prospérer qu'à la condition de faire aussi bien ou mieux que ses rivales, d'où résulte une ardente émulation, entre toutes les entreprises d'une même branche de production, s'exerçant sans cesse à améliorer, perfectionner, inventer, ce qui tend à faire progresser la production générale elle-même, et ce qui n'est peut-être pas moins important la lucidité, l'intelligence et la puissance bienfaisante des producteurs, — à détourner leur esprit des préoccupations inutiles ou nuisibles, pour le maintenir plus constamment, avec plus d'attraction, dans les voies de notre perfectibilité, ces heureuses directions de conduite ne s'étendent pas seulement aux chefs d'entreprises; leur exemple améliore plus ou moins les tendances des collaborateurs dont ils s'entourent, surtout s'ils se sont appliqués à maintenir avec eux, le plus possible, des rapports bienveillants.

Remarquons, en outre, qu'avec l'extrême division des travaux producteurs, qui fait que chacun produit principalement, et souvent uniquement, pour les besoins des autres, leur liberté nous amène sûrement, et de plus en plus généralement, dans des conditions où nous ne pouvons satisfaire notre intérêt privé ou de famille, que dans la mesure des services que nous rendons à ce même intérêt chez les autres, en sorte que tous les efforts de ce même mobile, qui domine chez tous, se trouvent réellement dirigés par chacun au service d'autrui, ou en somme, vers la plus grande satisfaction possible de l'intérêt commun. N'est-ce pas là, encore, une loi admirable et providentielle, faisant de l'intérêt privé — ce mobile si décrié par certains moralistes, — et au moyen de la liberté et de la division des travaux, le plus puissant moyen de servir l'intérêt de tous? La liberté des travaux producteurs est donc bien sûrement, le seul régime permettant de les faire fructifier le plus possible pour le bien commun, sans nulle violence ni injustice pour personne; c'est à la fois le plus moralement soin et le plus fécond.

Dès lors, les *transgressions* à la liberté des travaux sont néces ·

sairement un grand mal; nous ne rappellerons ici que les deux sé-
ries le plus largement malfaisantes de ces transgressions, — celles
provoquées ou accomplies par le militarisme ou le socialisme d'État.

Les guerres, et les grandes armées, qui en sont la cause principale, sont évidemment l'entière suppression de la liberté des travaux producteurs pour tous ceux qu'elles recrutent, lesquels, de
nos jours, se composent de toute la partie la plus vigoureuse des
nations. Si une guerre est réellement justifiée par le besoin d'une
défense nationale contre de graves et injustes agressions, cette défense s'impose incontestablement à tous comme le plus impérieux
des devoirs; mais, hors le cas bien indubitablement établi, de légitime défense, la guerre n'est plus qu'un mal affreux et le plus
abominable des crimes pour les agresseurs. Elle ne se borne pas à
supprimer le travail producteur pour tous ceux qu'elle enrégi-
mente; elle restreint progressivement la production des travailleurs
qui restent par l'absorption des énormes ressources qu'elle leur
enlève pour en faire des emplois destructifs, par l'insécurité crois-
sante qui arrête ou ralentit la plupart des entreprises, par le réveil
de tous les mobiles poussant à la sauvagerie et paralysant ceux de
notre perfectibilité, — enfin, par les sentiments de haine, de ven-
geance ou d'alarme et de terreur, qu'elle développe dans les masses,
dont ils deviennent la principale préoccupation.

Les conséquences des transgressions dues au socialisme d'État
ne sont pas moins funestes, et elles sont plus durables, parce qu'elles
créent des masses d'intérêts plus ou moins spoliateurs, qui tendent
à se perpétuer le plus possible. Nous avons d'ailleurs suffisamment
rappelé, dans notre deuxième section, les tristes résultats de l'ensemble de ses atteintes à la liberté des travaux, de la suppression
de toute liberté de l'enseignement, de l'ajournement indéfini de
celle des cultes, des régimes prétendus protecteurs de l'industrie
nationale et qui ne sont que des vols légalisés et réciproques, de
l'extension démesurée et sans égale de notre régime réglementaire,
et du fonctionnarisme dévorant qu'il entretient.

ÉCHANGES.

La *liberté des échanges* est une conséquence forcée de celle des
travaux producteurs; car, au degré de division où ces travaux sont
parvenus, leurs produits ne sont point destinés, si ce n'est dans de
très minimes proportions, aux besoins de ceux qui les créent; tout

le surplus, c'est-à-dire la presque totalité, ne peut servir le producteur que par voie d'échange ; en sorte que l'empêcher d'échanger aux meilleures conditions qu'il puisse trouver, équivaut exactement à le priver d'une partie des fruits de son travail, c'est-à-dire à une véritable spoliation, quelque *légale* qu'elle puisse être.

La stricte *observance* de la liberté des échanges ne pourrait, d'ailleurs, produire que les meilleures résultats : d'abord, elle assurerait de mieux en mieux une distribution générale des travaux producteurs telle que chaque population s'adonnerait principalement aux industries ou productions que les conditions naturelles du pays, son climat, son territoire, sa position relative, etc., ou les aptitudes spéciales que cette population a pu développer plus que d'autres, lui permettent d'exercer plus fructueusement qu'elle ne saurait l'être ailleurs, en destinant toute la partie de ces productions excédant ses propres besoins, à se procurer, par l'échange, les produits que d'autres populations obtiennent à de meilleures conditions qu'elle-même. Ce serait le moyen de généraliser, pour ainsi dire, les avantages naturels ou acquis, très variés, qu'offrent les différents centres de production.

Ensuite, l'entière liberté des échanges, jointe aux progrès sans pareils accomplis de notre temps dans les voies et moyens de communication et de transport, aurait bientôt assez multiplié les relations et les échanges entre les diverses nations de l'Europe, et assez mêlé et solidarisé leurs intérêts, pour rendre toute guerre aussi impossible entre elles, qu'elle le serait de nos jours entre les divers départements de la France. Ce serait le moyen de délivrer enfin cette partie de l'humanité des pires fléaux qu'elle se soit infligés, et qui, depuis un siècle surtout, ont le plus empêché et retardé sa perfectibilité. Ces fléaux que nulle intelligence lucide ne saurait aujourd'hui méconnaître, sont les grandes armées, et les guerres que la permanence de ces armées détermine aujourd'hui plus que toute autre cause.

Les *transgressions* de la liberté des échanges internationaux n'avaient jamais été plus multipliées, aussi nuisibles, aussi insensées et étayées de stupides erreurs, qu'elles le sont devenues depuis quelques années en France, en Allemagne, en Autriche, en Russie, etc. ; jamais nos régisseurs n'avaient paru plus assurés qu'en imposant de fortes taxes à l'introduction des denrées ou marchandises étrangères, ils protégeaient l'industrie nationale, — et ne s'étaient montrés plus rétifs à comprendre, d'abord, que c'est là un infaillible moyen de dispenser toutes les industries ainsi protégées pour lesquelles la France offre des avantages naturels à peu près égaux à ceux des autres pays, de tout effort de perfectionnement pour se tenir au niveau des progrès faits à l'étranger, en faisant payer cette stupide dispense par d'autres industries et par tous les consommateurs; — ensuite, et quant aux industries ne trouvant pas chez nous les mêmes avantages naturels qu'ailleurs, c'est nous pousser à nous livrer aux productions qui nous sont le moins profitables en réduisant celles qui le sont le plus, c'est-à-dire à agir absolument au rebours du sens commun.

Ce régime absurde, ruineux et inique, ne saurait donner que les plus mauvais résultats, et l'un des plus fâcheux que nous croyons devoir rappeler ici, s'est produit chez nous récemment.

On sait combien de taxes et de mesures prohibitives ont été appliquées chez nous, pour mettre nos filateurs et tisseurs de coton, à l'abri de toute concurrence étrangère sur le marché français; il n'y avait pas le moindre motif avouable pour leur concéder un tel monopole; car, ils reçoivent leur matière première aux mêmes conditions et prix que les Anglais et leurs autres concurrents européens; rien absolument ne les empêchait donc de faire aussi bien et aux mêmes prix que les Anglais, et s'ils ne l'ont pas fait, il est impossible d'en donner une autre raison que le don, qui leur a été octroyé gratuitement, de l'exploitation exclusive du marché national, qui, tout en les dispensant d'imiter les progrès de leurs concurrents étrangers, leur donne assez de bénéfices pour faire facilement de grandes fortunes aux dépens des consommateurs français, qui sont ainsi aussi légalement qu'incontestablement volés d'autant.

Mais il est une autre de nos industries, celle des soieries de Lyon, du Rhône, de la Loire et départements circonvoisins, ayant longtemps maintenu sa supériorité sur ses rivales étrangères, sans nulle protection douanière et qui, depuis quinze à vingt ans, traverse une période de souffrance et de déclin, — par suite, d'abord, du dépérissement progressif de la récolte des cocons en France et en Italie, et de la hausse qui en est résultée sur le prix de la soie; ensuite, des changements de la mode qui, dès le même temps, ont réduit de plus en plus dans cette industrie la proportion des étoffes en soie pure, — la presque totalité étant aujourd'hui composée d'étoffes où le coton entre pour la moitié ou davantage. Or, les fils de coton destinés à ce mélange sont les plus fins que l'on puisse fabriquer, et les filateurs français n'en font pas, ou s'ils en font, ne les vendent qu'à un prix plus que triple de celui des filateurs anglais, et l'on comprend qu'avec de telles conditions, nos fabricants de soieries ne puissent plus lutter contre leurs concurrents étrangers. Vers le milieu de l'année 1885, la fabrique lyonnaise exposant ces faits à la Chambre des députés, lui demandait, comme l'unique moyen devenu indispensable de continuer ses fabrications, l'entrée en franchise de droits des fils fins de coton qu'elle aurait à y employer; mais cette très légitime demande ne fut point accueillie : nos régisseurs ayant à craindre de mécontenter à la veille des élections tous nos filateurs de coton, préférèrent laisser notre industrie des soieries continuer à dépérir rapidement. N'est-ce pas là un odieux déni de justice?

Une nouvelle aggravation des plus insensées de nos *transgressions* à la liberté des échanges a été proposée en dernier lieu. Par une suite inévitable de la science et de la sagesse de nos différents régisseurs, tant républicains, qu'impérialistes ou monarchistes, nos populations françaises se trouvent aujourd'hui écrasées d'une charge d'impôts et de dettes publiques, tout au moins deux fois plus lourde que celle pesant, en moyenne, sur les autres populations de l'Europe; or, disent nos enragés protectionnistes : « Il est certain « que de telles charges élèvent le prix de revient de nos produits « dans une proportion double de ce qu'elle est pour nos concurrents « étrangers. Il faudrait donc ajouter aux droits protecteurs actuels « l'équivalent de cette différence, lequel ne ferait qu'égaliser les « conditions de la lutte. »

Il n'y aurait qu'un seul remède efficace à cette situation : ce serait de réduire de moitié nos charges d'impôts et de dettes; mais nos régisseurs qui, depuis trente-cinq ans surtout, ont trouvé glorieux et attrayant de nous accabler de ces charges de plus en plus, trouveraient aujourd'hui peu chevaleresque et fort désagréable de les réduire de moitié; ils trouvent même excessivement pénible et difficile en ce moment, de ne plus continuer à les accroître.

Quant aux partisans peu naïfs du vol à la protection, il savent fort bien que la différence des charges qu'ils invoquent leur est déjà remboursée par les consommateurs, auxquels assurément ils ne livrent pas leurs produits à perte; mais ils négligent ce détail et ne seraient pas fâchés de remplacer les taxes actuelles, qui ne les préservent pas totalement de la concurrence étrangère, par la prohibition absolue à laquelle équivaudrait l'octroi de leur demande. Ainsi pour nous relever de la situation effroyablement périlleuse où nous ont placés nos extravagantes dépenses militaires, l'immense et absurde extension de nos enseignements autoritaires, nos constructions de lignes de chemins de fer improductives, c'est-à-dire faisant à peine leurs frais de traction, et ne produisant rien pour toutes les valeurs absorbées dans leur établissement; — enfin, — tous les autres agissements ruineux de notre socialisme d'État, — il nous faudrait encore remplacer les taxes à l'entrée des produits étrangers par des prohibitions absolues, et dès lors, fournir autrement ce qu'elles produisent encore au Trésor. Mais avec cette fièvre générale d'activités dévorantes, les consommateurs ne sauraient tarder longtemps à manquer aux producteurs, comme les contribuables manqueront bientôt à nos monstrueux budgets.

On peut comprendre après cela les embarras éprouvés par nos quarante-quatre députés, chargés de s'enquérir des causes de la crise économique. Ils avaient eux-mêmes voté ces *causes* chaque jour, apparemment sans s'en apercevoir et ne pouvaient guère les dénoncer eux-mêmes. — Leur situation était semblable à celle de commissaires qui, après avoir ostensiblement concouru à allumer un vaste et terrible incendie sans prévoir ses ravages, auraient accepté le mandat de signaler les causes de l'anéantissement de tout ce qu'il avait dévoré.

Pendant que se détruisent ainsi rapidement nos ressources accumulées et que la misère va croissant chez le grand nombre, le plus désirable des bienfaits qu'aurait pu rendre aux civilisations de l'Europe, l'entière liberté des échanges internationaux, — l'impossibilité, après quinze à vingt ans d'observance générale d'un tel régime, de continuer à guerroyer entr'elles, — cet inestimable bienfait, disons-nous, est aujourd'hui moins apprécié, plus oublié ou plus dédaigné que jamais.

RÉPARTITION.

Enfin, la stricte *observance* de l'entière liberté des intéressés, concourant à divers titres aux entreprises productives, dans la fixation préalable de la rémunération des services de chacun, bien qu'elle soit loin, comme nous l'avons déjà fait observer, de toujours satisfaire les participants, est cependant l'unique moyen de réaliser l'accord devant précéder l'entreprise.des travaux ; tout autre procédé n'admettant pas le libre accord préalable de tous les contractants, ne pourrait que retarder cette entreprise et aggraver les causes de souffrance et de malaise que nous allons signaler.

Il devient ici nécessaire d'appeler l'attention sur une loi naturelle inflexible que l'on prétendrait en vain transgresser impunément, les tentatives que l'on ferait pour l'éluder ne pouvant que grandir le mal que l'on prétendrait éviter. Cette loi, d'ordre essentiellement économique est celle de l'offre et de la demande : il en résulte que lorsqu'un produit, un service personnel, un objet valable quelconque, sont plus offerts que demandés, leur valeur ou leur prix s'abaissent, et qu'ils s'élèvent dans le cas contraire.

Or, chez une nation comme la nôtre, dont la population s'accroît encore, bien que trop faiblement suivant une opinion plus répandue que sensée, et où l'on ne trouve guère à émigrer utilement, ses régisseurs de tout ordre n'ayant jamais su fonder, depuis l'abolition de l'esclavage, que des colonies presque uniquement militaires et administratives ; chez une telle nation, disons-nous, il peut arriver que le nombre des salariés s'accroisse beaucoup trop, pour que leurs salaires ne s'abaissent pas au-dessous de leurs besoins ; d'autres causes peuvent d'ailleurs les rendre trop nombreux, sans qu'ils se soient multipliés ; c'est la substitution à leur action de celles des machines, ou d'une industrie nouvelle remplaçant avantageusement celle pour laquelle ils se sont formés ; bref, il n'est guère de progrès industriel important qui ne cause des perturbations plus ou moins considérables dans diverses industries en exercice, dont souffrent surtout leurs travailleurs salariés, presque toujours dépourvus d'accumulations pouvant les aider à chercher ou attendre d'autres emplois.

Ce sont là des conséquences inévitables de tout progrès industriel important ; elles ne doivent nullement y faire obstacle, car les bienfaits qu'il apporte pour un long avenir, sont incomparablement plus importants et plus durables que les souffrances passagères qu'il peut infliger ; mais cela ne devrait jamais faire oublier ces souffrances, ni le devoir impérieux d'une recherche active des moyens efficaces de les soulager par une intelligente et salutaire bienfaisance ; parmi ces moyens, le principal consisterait à assurer des facilités d'émigration, dans des contrées cultivables et salubres, pour toute la partie de la population souffrant d'un excès de densité, ou de l'impossibilité de trouver un travail suffisamment rémunérateur; mais, en France surtout, — ce n'est pas à l'État, aux pouvoirs législatif et exécutif, qu'il faudrait demander de pourvoir à de telles assistances ou facilités; ce qu'ils ont fait à cet égard jusqu'ici, prouve assez, qu'en général, la bienfaisance et l'enseignement autoritaires, ne valent pas mieux l'un que l'autre. Il s'agit ici, d'ailleurs, d'un grand et impérieux devoir de libre et vraie charité (tout autre chose que l'assistance autoritaire), et c'est en traitant des principales lois naturelles se rattachant à la morale, que nous indiquerons les moyens de le remplir, nous paraissant le plus sûrement efficaces.

Les travailleurs salariés ne sont pas les seuls qui puissent être mécontents, à juste titre, des rémunérations obtenues dans les entreprises auxquelles ils ont concouru : les entrepreneurs eux-mêmes et leurs associés, n'ont trop souvent pour résultat que des pertes au lieu de bénéfices. Comme les navires en mer, la plupart des entreprises industrielles sont exposées aux naufrages, et lorsque sévissent les tempêtes du militarisme et du socialisme d'État, contre lesquelles il n'est pas d'assurances possibles, ces naufrages deviennent plus nombreux que les traversées heureuses. Mais les travailleurs salariés ne voient plus et oublient les entreprises qui ont sombré, ni les fortunes englouties; — en face de celles qui surnagent, et ont plus ou moins réussi à se maintenir ou grandir, ils se laissent facilement persuader que de tels succès ne sont obtenus qu'à leurs dépens; en sorte que si des sentiments hostiles sont excités chez eux par une insuffisance de salaires, ils ne les dirigent jamais contre d'autres que leurs patrons qui, pourtant, ne sauraient avoir *le moindre intérêt à la baisse des salaires,* puisque la concurrence les contraint inévitablement à en laisser le bénéfice aux consommateurs. Les causes de cette baisse, lorsqu'elles ne sont pas dans la multiplication des salariés, grandissant trop l'*offre* de leurs services, sont infailliblement dans les méfaits du militarisme et du socialisme d'État qui, en dévorant les ressources acquises, réduisent d'autant celles nécessaires aux travaux producteurs. — Ce sont là des vérités non moins sûres que celles de l'arithmétique, mais qui, malheureusement, restent méconnues de la grande masse de nos populations.

Bien d'autres *transgressions* que celles que nous avons rappelées jusqu'ici, sont apportées à la loi naturelle de l'entière liberté de l'activité économique, par nos institutions gouvernementales et administratives : elles violent cette liberté par les limitations de concurrence accordées à certaines professions qualifiées d'*offices*, se rattachant au commerce, à la spéculation, aux transactions écrites, aux débats judiciaires d'intérêts, telles que celles d'agent de change, de notaire, d'avoué, etc. Il est certain que de telles limitations qui, pour ces professions, n'existent pas en Angleterre, en Allemagne, aux États-Unis, etc., donnent aux titulaires les moyens de se faire payer leurs services au-dessus de leur prix naturel, bien qu'ils soient tarifés, et ce qui le prouve, ce sont les valeurs vénales considérables s'attachant aux titres, limités en nombre, permettant de les exercer.

En outre, elles surchagent d'impôts, d'entraves et de réglementations paralysantes, le commerce d'une multitude de denrées et autres productions : le sel, le vin, la bière, les spiritueux, le sucre, le café, le chocolat, le thé, le tabac, les cartes à jouer, les allumettes chimiques, les bestiaux, viandes, comestibles, combustibles et tout ce que grèvent les octrois des villes. Toutes les taxes à l'intérieur sur les objets de consommation, compliquent à l'excès les entraves à la liberté commerciale; leur perception exige incessamment des vérifications, surveillances, interdictions, contraintes et réglementations compliquées, gênant de toutes les façons la circulation et la distribution des objets imposés; de plus, elles sont sans proportion avec les forces contributives de ceux qui les paient et elles absorbent en frais de recouvrement une très forte part de leur produit. Or, de telles taxes sont beaucoup plus multipliées en France que partout ailleurs. Dans notre voisinage, la Belgique et la Hollande, à qui, durant notre premier Empire, nous avions inoculé notre virus fiscal, se sont délivrées de l'un de ses plus mauvais fruits : les octrois des villes et bourgs.

Nous terminons ici nos remarques sur les transgressions apportées par nos régimes sociaux à la loi naturelle qui fait, de l'entière liberté des travaux producteurs, des échanges, et de la répartition des valeurs produites entre les participants à une même œuvre, le seul régime normal et bienfaisant de l'activité économique, et nous allons aborder la recherche et la démonstration d'autres lois naturelles, se rattachant aux deux autres branches de la conduite humaine qu'il nous reste à étudier : la morale et la politique.

Quest-ce que la morale? Ce n'est point une série d'inspirations divines qui révèleraient à chacun de nous la conduite à tenir, — ni un sens intime qui nous ferait discerner le bien et le mal de cette conduite, comme la vue nous fait distinguer entre des couleurs diverses; ce n'est point, enfin, un oracle placé en nous sous le nom de *conscience,* et toujours prêt, quand nous le consultons, à nous désigner infailliblement la route à suivre. Il est bien évident que si d'aussi singulières hypothèses étaient fondées, nous n'aurions jamais éu, et ne saurions jamais avoir rien à apprendre en morale, que notre conduite ne serait, dès lors, nullement perfectible, pas plus que celle des animaux régis par l'instinct, et qu'il serait impossible de trouver deux moralistes d'un avis différent, même en opposant le pape de Rome à celui de Saint-Pétersbourg ou de Constantinople. Les intelligences qui n'ont pas admis aveuglément de tels enseignements, ont peine à concevoir comment ils peuvent encore former la base de notre éducation mórale; mais de pareilles stupidités ne sont pas rares dans nos enseignements autoritaires, dont l'objet principal n'est pas d'éclairer, mais d'asservir les esprits.

La morale, comme toutes les autres branches de nos véritables connaissances, doit être une science fondée comme les autres sur l'observation, l'expérience, sur tous nos moyens de reconnaître la vérité et de la distinguer de l'erreur; si elle n'est pas cela, elle n'est rien, si ce n'est un moyen d'égarer notre entendement.

Maintenant, quelle peut être, dans la science générale de la conduite humaine, la part qu'il convient d'assigner à l'enseignement moral? Ce n'est point l'enseignement général des mœurs, distinguant les bonnes des mauvaises et justifiant ces distinctions; car les mœurs embrassent toute la conduite, — l'activité économique en même temps que la politique et la morale; — il convient donc de renfermer celle-ci dans l'enseignement de ce qui n'appartient ni à l'économie politique, ni à la politique.

Nous avons déjà fait observer que l'économie politique enseigne quelles sont les directions de la conduite générale, favorables ou nuisibles au perfectionnement et à la fécondité des travaux destinés à pourvoir à la satisfaction de nos besoins physiques, intellectuels et moraux, tels qu'ils se manifestent, sans étudier ces besoins en eux-mêmes, ni dans les réformes ou rectifications qu'il conviendrait d'y apporter, — laissant de telles études en partie aux sciences médicales pour tout ce qui concerne la santé, mais surtout à la morale qui, jusqu'ici, ne s'en est guère occupée, bien qu'elle dût constituer l'une des principales branches de sa mission spéciale, servir puissamment notre perfectibilité, et restreindre considérablement les développements et l'action de nos mauvais mobiles.

Une autre partie, nons moins importante de l'enseignement moral, peut-être constituée par tout ce qui concerne la véritable charité, la bienveillance envers nos semblables, le devoir impérieux pour tous ceux en situation de le remplir, d'aider, d'assister le plus possible tous les malheureux ne pouvant se passer d'un tel secours. Nous comprenons dans la *vraie charité* les facilités d'émigration, à procurer, par l'activité privée, aux populations souffrant d'un excès de densité, ou d'un manque de travail suffisamment rémunéré; mais nous n'y comprenons nullement la prétendue *charité* publique, régie par l'État au moyen des impôts et d'intermédiaires salariés.

La principale des lois naturelles que doit observer la véritable charité, pour ne pas perdre la meilleure et la plus grande partie de son efficacité, l'oblige à s'exercer, le plus possible, par des relations directes entre ceux qui la font et les assistés. Après un assez brève durée de tels rapports, ces derniers sont le plus souvent sérieusement disposés à écouter et suivre les conseils de bienfaiteurs leur témoignant cet intérêt persistant, et dès lors ils recevraient de telles directions des services souvent très importants et plus durables que les secours destinés aux besoins du moment. Très assurément, la plus grande généralisation possible de semblables relations charitables, serait le seul moyen efficace de reconstituer les liens sociaux qui, dans les civilisations actuelles de l'Europe, se détruisent progressivement, sous l'action d'antagonismes très multipliés et ardents.

Aucun de ces bienfaits ne saurait évidemment résulter des autres procédés auxquels nous donnons si mal à propos le nom de charité, — la charité légale, — la charité par l'intermédiaire de corporations religieuses ou autres, car, il est visible que de tels procédés ne sauraient faire naître ou entretenir nul sentiment de bienveillance entre des bienfaiteurs et des assistés restant inconnus les uns des autres, nulle influence salutaire des premiers sur la conduite des derniers, nul obstacle aux désunions croissantes de nos sociétés actuelles.

En outre, les intermédiaires corporatifs, chargés en France de la charité légale, au moyen des impôts de l'État, des départements et des communes, ainsi que des dons et legs que chaque établissement est autorisé à recouvrer, emploient une très grande partie de ces ressources à la rémunération de leurs propres services; une partie non moins considérable est affectée aux édifices, ameublements, entretiens, frais d'administration, etc.; bref, ce mode d'assistance est des plus onéreux, et nous avons prouvé ailleurs, — en traitant de la nécessité devenant de plus en plus urgente, de substituer la charité libre et réelle, par associations volontaires s'organisant elles-mêmes, à toute la partie de nos modes actuels qu'elle peut remplacer, — qu'en donnant la préférence à l'assistance à domicile et dans la famille, chaque fois qu'elle est possible, c'est-à-dire *dans le plus grand nombre des cas,* une même somme de ressources permettrait de répandre tout au moins *trois fois plus de secours,* indépendamment de la conservation, si nécessaire des liens de famille, et de tous les bienfaits que l'on ne peut attendre que de la vraie charité. Dans ces mêmes études antérieures, nous traitons aussi des lumières que l'enseignement moral pourrait répandre sur le développement de nos besoins, afin de nous préserver, ou de nous guérir le plus possible, de ceux qui sont malfaisants, tels, par exemple, que toutes les élégances ou distinctions vaniteuses, si recherchées de nos classes riches et aisées, et qui sont l'un des plus grands obstacles à l'union réelle des diverses parties de la nation; mais ne pouvant reproduire ici de telles études nous nous bornons à y renvoyer[1].

Nous nous restreindrons à rechercher et indiquer les moyens par lesquels la charité effective, fidèle à l'observance de la loi naturelle que nous avons formulée, pourrait le mieux réussir à assurer aux parties de nos populations souffrant d'un excès de densité, des facilités et secours d'émigration dans des contrées où ils puissent trouver les travaux suffisamment rémunérateurs qui leur sont indispensables, et que les colonies uniquement militaires et administratives fondées par nos différents régisseurs, ne leur offrent nullement.

Il s'agit ici de l'une des assistances le mieux motivées, le plus

[1] 1° *Essai sur la science sociale.* Paris, 1867, Guillaumin et Cⁱᵉ, 2 vol. in-8, t. II, p. 436 à 471; 2° *Le bon sens dans les doctrines morales et politiques.* Paris, 1878, Guillaumin et Cⁱᵉ, t. II, p. 420 à 461.

indispensables, et qui, au degré de densité où sont parvenues les populations de l'Europe, leur impose la nécessité, devenant de plus en plus urgente, de consacrer une partie suffisante de leurs ressources à se préparer, pour l'avenir des lieux d'essaimage convenables, où leurs parties surabondantes puissent trouver tous les moyens d'une colonisation prospère, — si, en France, la densité de la population est inférieure à celle d'autres parties de l'Europe, nos ressources ont été plus épuisées qu'ailleurs par le militarisme, le socialisme d'État, le défaut de colonies cultivables par nos nationaux, et notre besoin d'émigration fructueuse est devenu des plus pressants.

Les ressources à employer devraient être mesurées à l'importance d'un tel besoin; elles ne sont pas encore au-dessus des forces de la partie de notre nation qui aurait à les fournir; mais comme elle a été dispensée jusqu'ici de toute initiative à cet égard par l'action autoritaire, il est à croire qu'elle évitera d'intervenir jusqu'au moment où notre situation et nos directions sociales, lui paraîtront généralement offrir, des périls assez menaçants pour ne plus lui permettre de s'abstenir. Or, tout annonce que nous sommes à la veille d'un tel moment; nous traversons une crise formidable, ne cessant de s'aggraver depuis vingt ans surtout, d'absorber progressivement en emplois improductifs et généralement injustifiables, les ressources accumulées du pays, se réduisant rapidement chaque année, sans que nos régisseurs actuels, ni aucun des nombreux partis qui leur disputent le pouvoir, paraissent se douter des dangers terribles qu'accumulent de tels agissements, notamment de celui se manifestant dans toute l'étendue du pays, et permettant déjà d'y compter, *par centaines de mille*, le nombre des ouvriers cultivateurs ou autres travailleurs salariés, sans emploi.

Il n'est donc pas trop tôt pour qu'une véritable et ardente charité s'efforce d'atténuer le plus possible les maux que nous ont causés le militarisme et le socialisme d'État, et surtout de procurer aux parties les plus souffrantes de nos classes laborieuses, les facilités d'émigration qui leur manquent aujourd'hui plus absolument que jamais, bien que ce besoin ait servi de prétexte aux développements aussi extravagants que ruineux qu'a pris chez nous le militarisme depuis quinze ans, — précisément depuis l'époque où l'un de nos pires accès de cette affreuse folie, nous avait accablés de souffrances et d'humiliations, qui semblaient devoir nous en guérir.

Les facilités d'émigration à assurer exigeraient des associations de capitaux et de services personnels pour l'entreprise de colonisations nouvelles, associations qu'il importerait beaucoup de composer de personnes qui, par leur position de fortune et leur réputation, pourraient inspirer le plus de confiance et d'espoir de succès. Ces associations auraient à s'assurer avant tout, la possession incontestée de territoires bien choisis, et ce choix est la première et la plus importante des questions à examiner.

Où devrons-nous chercher les meilleurs lieux d'essaimage pour de véritables colons nationaux, c'est-à-dire pour des cultivateurs français. Nous pensons que la question doit être formulée ainsi, et voici nos raisons : on ne saurait fonder de colonies durables et offrant des chances de développements prospères, sur des terrains en friche et devant rester sans culture ; il faut donc indispensablement que les premiers émigrants soient en grande majorité des cultivateurs ; cela ne réduirait pas moins assez rapidement, le nombre aujourd'hui en excès de nos travailleurs des autres professions ; car, pendant toute la durée de l'extension de nos industries manufacturières, commerciales, de bâtiments, etc. ; ce sont principalement nos cultivateurs, très multipliés en France à la suite de 1789, par le grand morcellement de la propriété et de l'exploitation rurales, qui ont recruté ces professions et grandi nos populations urbaines. Mais depuis environ trente ans, ces débouchés leur ont manqué de plus en plus, et il est certain que si on facilitait leur émigration dans des contrées qu'ils pussent cultiver profitablement, leur besoin d'essaimage les y pousserait d'autant plus sûrement, qu'ils n'auraient pas à changer de profession. Cela réduirait la concurrence entre les ouvriers des autres industries, dont un certain nombre serait nécessaire, même au début des nouvelles colonies, dont chacune en appellerait davantage à mesure qu'elle se développerait ; enfin, les salariés de nos centres manufacturiers dans les moments de reprise active de leurs travaux, en profiteraient davantage, parce qu'ils ne verraient plus grandir leur nombre par les cultivateurs.

Mais dans quelles parties du globe pourrait-on rechercher, avec le plus de chances de succès, des territoires convenables pour fonder de nouvelles colonisations agricoles destinées à nos nationaux ? Ce n'est pas en Afrique, où nous possédons depuis longtemps les embouchures du Sénégal, Saint-Louis, Gorée, le Gabon, etc., sans

y avoir une seule famille de cultivateurs français; tout l'intérieur
de l'Afrique intertropicale, nous offre encore moins de possibilité
de telles colonisations, et les relations établies par M. de Brazza
sur le Congo et ses affluents, n'auront jamais de résultats agricoles, à moins que nous n'amènions les nègres à cultiver eux-
mêmes volontairement, ce qui est fort improbable; enfin, il y a
plus de cinquante ans que nous possédons l'Algérie qui, relativement, est à nos portes, et nos régisseurs demandaient, il n'y a pas
un an, un crédit de 50 millions de francs pour la coloniser; on y
compterait à peine, même aujourd'hui, une centaine de Français
cultivant eux-mêmes le sol. Ce n'est pas non plus dans la mer des
Indes, à Madagascar, dans l'Hindoustan, la Malaisie, l'archipel de
la Sonde, que nous pourrions trouver de bonnes conditions pour
les colonisations dont il s'agit, et encore moins dans l'Indo-Chine,
l'Annam, le Tonquin et le Cambodge, où nous sommes allés faire
d'héroïques prouesses militaires, de terre et de mer, pour conquérir des contrées très insalubres pour les Européens, regorgeant,
comme la Chine, de populations trop serrées et faméliques, que
nous avons mitraillées sans pitié et qui nous maudissent.

De toutes les contrées du globe, le continent américain nous paraît seul offrir en abondance des territoires convenables pour de
fécondes colonisations agricoles françaises. Il reste encore beaucoup de ces territoires dans les limites actuelles des États-Unis, et
les concessions demandées pour nos émigrants nationaux seraient
favorablement accordées par la grande Union Américaine, car,
elle n'a point oublié que, seuls, parmi les Européens, nous lui
avons aidé à conquérir son indépendance. Elle a largement ouvert
son territoire à tous les émigrants d'Europe, qui ont concouru avec
elle à fonder, *en moins d'un siècle,* cette grande nation, ne comptant pas à cette *heure moins* de soixante millions d'individus, la plus
réellement libre et progressive, dans le sens évidemment voulu par
le suprême auteur des choses, qui ait encore existé sur la terre,
paraissant devoir constituer la nouvelle branche de l'humanité qui,
désormais, guidera les autres par son exemple, vers les voies de
notre perfectibilité et des civilisations ascendantes, hors lesquelles
les nations de l'Europe se laissent de plus en plus entraîner. Si
nous ne sommes à peu près pour rien dans la formation de cette
portion du genre humain, paraissant destinée à devenir la force
réparatrice et préservatrice des dégradations sociales de l'Eu-

rope, c'est uniquement par notre faute, car notre concours eût été des mieux accueillis par ceux qui l'ont formée; rien assurément ne nous aurait empêchés d'y prendre une part au moins égale à celle attribuable aux Allemands, — rien, si ce n'étaient nos détestables enseignements autoritaires et le virus rabique de la domination guerrière dont nous avait empoisonnés Napoléon le Grand.

Mais il est temps de songer à s'attacher à l'Union Américaine, au moyen des vastes territoires qu'il lui reste encore à défricher, les essaimages que nos familles de cultivateurs seront désormais forcées de faire au loin; car, de longtemps, nos centres urbains ou manufacturiers, plus épuisés de ressources que de population par les dilapidations de nos régimes sociaux, ne pourront plus leur offrir de moyens de travail et d'existence; elles en trouveraient facilement dans les possessions des États-Unis, pour une assez longue durée encore, et si plus tard les populations de l'Union continuant à s'accroître aussi rapidement qu'elles l'ont fait depuis 1787, le besoin de nouvelles terres se faisait sentir, on en trouverait pour une suite de siècles dans l'Amérique du Sud; car, même dans la partie intertropicale de ce continent, au sud du golfe des Antilles, le versant oriental de l'immense Cordillière des Andes, offre un grand nombre de territoires plus ou moins vastes, à peu près inhabités, fructueusement cultivables, et situés à des altitudes où se reproduisent à peu près les climats et températures de l'Europe moyenne. Tout indique donc que c'est vers l'Amérique, et non ailleurs, que doivent se diriger désormais les essaimages des nations de l'Europe, quand ils sont amenés par une surabondance réelle de leurs populations, et plus encore s'ils sont nécessités par les ruineux résultats de funestes directions sociales.

C'est surtout à ce dernier titre que les populations françaises se trouvent, en ce moment, au nombre de celles où le besoin d'émigration est devenu le plus urgent : elles sont moins multipliées, relativement au territoire occupé, que celles de l'Angleterre, de l'Autriche, etc.; mais leurs ressources ont été plus épuisées, d'abord, par les directions insensées, leur ayant fait perdre en moins de deux ans, leur plus riche province l'Alsace, et une partie de la Lorraine, — plus dix milliards de francs en tributs et frais de guerre, et qui depuis, au lieu d'alléger cet écrasant fardeau, l'ont plus que doublé; — ensuite, par la prétention d'une grande partie de leurs classes salariées d'obtenir, dans de telles conditions, de

plus fortes rémunérations que ne le comporte l'état de l'offre et de
la demande de leurs services, leur permettant de grandir leurs
besoins tout en travaillant moins longtemps, et apportant dans
leurs revendications une ignorance aveugle et une violence, qui
suffiraient seules à arrêter toute entreprise de travaux nécessitant
leur concours, — enfin, par les calamités naturelles qui ont sévi
sur deux des branches importantes de leurs productions agricoles :
les vins et les cocons.

La réunion d'un tel ensemble de pertes de ressources, ne pouvait manquer d'aboutir à la situation actuelle, dont les souffrances
et les périls ne sont guère méconnus, que par ceux ayant pu trouver jusqu'ici, dans nos budgets les moyens de vivre ou même de
prospérer; nous n'avons point exagéré en affirmant que la partie
de notre population ne pouvant vivre que de salaires, et se trouvant sans emploi, se compte aujourd'hui par centaines de mille;
or, elle ne peut de longtemps que s'accroître rapidement, — ne
fût-ce que par les excédents de sa partie rurale, continuant à se
produire sans savoir où essaimer, — à moins que l'on ne se hâte
de lui procurer le plus promptement possible, toutes les facilités
d'émigration qui lui font absolument défaut; car, ce n'est plus à
l'État qu'il faut les demander : il nous a surabondamment prouvé
que ce ne serait là qu'un nouveau moyen de lui permettre d'absorber nos ressources, sans rendre le moindre des services auxquels elles seraient destinées.

Le devoir de charité réelle et libre pour faciliter ces émigrations,
devient donc chaque jour plus impérieux pour tous ceux en situation de le remplir; il s'impose avant tout à nos classes fortunées
qui, malheureusement, n'ont guerre été formées à la pratique de
la vraie charité; mais le besoin auquel il s'agit de pourvoir est
devenu si pressant, que rien ne menacerait autant de ruine la civilisation française que d'y laisser plus longtemps grandir les foules
privées de ressources et de travail : un effort général, ardent et
persévérant, des classes les plus intéressées à sauver cette civilisation du naufrage, est donc à espérer.

Si elles reconnaissent la nécessité absolue de s'imposer de tels
efforts, les moyens de les rendre fructueux et salutaires ne leur
manqueront pas : en admettant que les groupes de colonisation à
former dès la première année, dussent comprendre environ ce.1t
mille individus tout compris, et que les avances en frais de trans-

ports, outillages, bestiaux, semences, vivres jusqu'aux premières récoltes, etc., dussent s'élever indépendamment des ressources propres aux émigrants, à mille francs par personne, soit cent millions de francs par an, et qu'il fallût les renouveler pendant cinq ans, pour l'émigration de cinq cent mille individus, les dépenses de l'entreprise pendant les cinq premières années, ne dépasseraient pas cinq cent millions de francs; cela ne constituerait pas une bien lourde charge pour nos familles riches; car, même en ne désignant ainsi que celles possédant notoirement, en propriétés immobilières et autres capitaux, de quinze mille francs jusqu'à des millions de revenus, leur nombre n'est pas en France de moins de cent mille, et les seuls revenus de vingt mille francs et au-dessus pourraient sans gêne aucune, couvrir plus de la moitié de la dépense. Une forte partie des avances serait d'ailleurs remboursée, mais quelques indications sur les mesures à prendre sont ici nécessaires.

Une seule association générale de tous les participants à l'entreprise des nouvelles colonisations, nous paraîtrait préférable à plusieurs : elle donnerait plus d'unité et d'harmonie à l'ensemble de cette œuvre, la concentration de toutes les ressources qui recevraient une telle destination, lui donnerait plus de puissance, de confiance et de crédit. Elle aurait son siège à Paris, où se réuniraient ses assemblées générales, et où résideraient son Conseil d'administration et ses gérants. Aussitôt que cette administration serait en possession de territoires pouvant offrir des travaux à quelques milliers de colons, cultivateurs et autres, et pourvue de tous les renseignements nécessaires pour juger du nombre des travailleurs, de chaque profession, qui pourraient y être utilement envoyés, elle éveillerait assurément, en donnant au nom de l'association de la publicité à ces faits, l'attention et l'intérêt des diverses classes de la population, et ferait surgir des projets de s'en préoccuper, — non plus comme l'association générale, principalement en vue de réaliser de bienfaisantes œuvres d'une urgente nécessité, — mais comme offrant des chances de spéculations profitables. L'association pourrait s'entendre avec ceux de ces spéculateurs qui lui paraîtraient offrir le plus de chances d'honnêteté, de capacité et de solvabilité, — leur concéder à temps ou définitivement des parties des territoires, et partager plus ou moins avec eux les avances de première acquisition, de transports, d'installation et

d'approvisionnement des émigrants, jusqu'aux premières réalisa-
tions de leurs récoltes ou autres productions.

Comme il importerait extrêmement à la prospérité future de ces
colonies, que les premières eussent un plein succès, l'association
ne devrait y destiner d'abord que des hommes jeunes, vigoureux,
intelligents et habiles dans leur profession, et n'ayant, s'ils étaient
mariés, pas plus de un ou deux enfants; ils seraient engagés par
l'association, ou avec son approbation et sous sa garantie, par l'un
des spéculateurs avec lesquels elle aurait traité. Il est à croire
qu'avec des travailleurs ainsi choisis, et les bonnes conditions d'exploitation où ils seraient placés, leurs travaux pourraient être asez
largement rémunérés pour leur permettre, en peu d'années, de
rembourser les avances qui leur auraient été faites et de devenir, à
leur tour, concessionnaires de terrains.

Dans les territoires de l'Union Américaine, ils ne pourraient conserver leur nationalité française et deviendraient citoyens des États-
Unis, ce qui ne serait certainement pas un mal pour eux, ni surtout pour leurs descendants. Si, cependant, de nombreux émigrants
désiraient rester français, non point pour être soumis au Gouvernement de la métropole, dont ils n'ont guère à se louer, — mais
dans la pensée et l'espoir de fonder en Amérique une France nouvelle et indépendante, — ce désir pourrait être satisfait au moyen
des territoires du versant oriental des Andes dont nous avons parlé
et qu'il serait probablement facile d'obtenir, avec la condition
d'indépendance désirée, des Républiques espagnoles dont ils dé-
pendent. Il est propable que l'association pour les nouvelles colonisations, composée comme nous le proposons, s'occuperait avec un
vif intérêt de toutes les recherches et démarches nécessaires pour
bien connaître les territoires destinés à cette nouvelle France et
obtenir la concession de ceux qui donneraient le plus d'espoir d'un
avenir prospère.

La recherche de ces territoires, leur description, leur apprécia-
tion sous le rapport des cultures qu'ils pourraient le mieux empor-
ter, des industries manufacturières, extractives, commerciales auxquelles ils offriraient le plus de chances de succès, pourraient être
très convenablement confiées, à la partie la plus virile et la plus
digne, de la jeunesse des familles composant l'association générale.
Il est à espérer que les postulants capables ne manqueraient pas,
et ceux désignés pourraient devenir les agents principaux de l'en-

treprise. De telles missions ne les honoreraient pas moins, assurément, que celles que se sont imposées tant d'explorateurs courageux et dévoués, de l'intérieur brûlant de l'Afrique et des contrées
glacées du nord, sans autre résultat que d'ajouter à nos connaissances géographiques, tandis qu'ici, il y aurait la poursuite de l'un
des plus grands et des plus salutaires services que l'on puisse rendre
à la nation française.

Les quelques indications qui précèdent n'ont nullement la prétention de servir de programme aux entreprises de nouvelles colonisations dont il s'agit : confiées à la partie de la nation qui peut
réunir le plus de ressources et de lumières, elles auraient toute
chance d'être conduites le mieux possible. Nous avons voulu seulement donner quelques indications nous paraissant de nature à
faire généralement reconnaître la possibilité de donner à ces entreprises les chances d'une réussite presque assurée; or, ce succès,
nous le répétons, apporterait une amélioration immense dans le
sort de nos populations, et par la force de l'exemple, dans celui des
masses trop serrées d'une grande partie de l'Europe; car l'Amérique n'a pas encore, peut-être, la dixième partie des populations
qu'elle pourrait nourrir. Nos colonisations nouvelles mériteraient
à ceux qui en auraient amené la réalisation, par leurs efforts et
leurs sacrifices, la reconnaissance des générations pendant un long
avenir.

Parmi les lois naturelles se rattachant à la politique, la plus importante de toutes a été suffisamment étudiée et démontrée dans
notre deuxième section et dans la première partie de celle-ci. Cette
loi naturelle est celle qui ne permet pas à l'autorité SOCIALE de con-
vertir sa mission nécessaire, qui est évidemment et essentiellement
la protection, la défense efficace des droits et intérêts légitimes de
tous, en une domination directrice des facultés et de l'activité des
populations sans constituer ainsi un asservissement, une exploitation de la nation subissant une telle action, et le plus puissant des
obstacles à son perfectionnement.

Nous avons montré, qu'à cet égard, les doctrines ayant régné
dans le passé, et celles exerçant encore aujourd'hui le plus d'influence sur l'opinion et les tendances générales, méconnaissent
toutes, à différents degrés, la véritable et légitime mission des pouvoirs politiques, en supposant qu'elle consiste à *gouverner*, con-

duire, diriger les sociétés, ce qui ne serait admissible que dans le communisme le plus absolu, le pire et le plus dégradant de tous les régimes sociaux, tandis que le seul conforme à notre nature et favorable au développement de notre perfectibilité, est celui de la propriété privée, laissant à chaque famille le soin de pourvoir à ses besoins, ne comportant nullement la confusion ou la communauté des intérêts, ni, par conséquent, une direction commune et autoritaire, du développement des facultés et des activités individuelles ; ainsi le régime normal implique la liberté de ce développement pour chacune des familles composant la société, tout aussi nécessairement que cette liberté implique le respect de la propriété privée.

Avec de telles conditions, le service à demander à l'autorité sociale par les familles, n'est nullement de pourvoir à leur existence et aux moyens de l'améliorer, puisque la conséquence nécessaire du régime de la propriété privée est, au contraire, de laisser entièrement un tel soin à la charge de chacune d'elles en particulier, condition qui, bien certainement, doit exclure tout autre direction que la sienne, dans le développement et l'application des facultés et des forces qui lui sont propres, ou qu'elle obtient d'autrui par un libre échange de services ; car, ce n'est qu'ainsi qu'elle peut être véritablement l'arbitre de son sort, duquel on ne pourrait autrement, ou en prétendant substituer à ses propres directions celles d'une autorité quelconque, lui laisser la responsabilité, sans violer la logique autant que la justice.

Ce que les familles mettent réellement en commun, dans les civilisations avancées, et ce qui constitue la mission tout à fait essentielle de l'autorité sociale, c'est le soin de protéger leurs personnes, leurs libertés, leurs autres droits communs et leurs propriétés légitimement acquises par héritage ou par les travaux libres et l'épargne, contre toute violence et toute injuste atteinte, mais c'est là une mission *protectrice* et non *directrice*, et nous avons prouvé qu'elle ne peut affecter ce dernier caractère, sans que l'autorité sociale viole elle-même, ce qu'elle a charge de protéger et défendre. Nous avons aussi prouvé, qu'au moyen d'un accomplissement convenable de la vraie mission de cette autorité, l'intérêt privé ou de famille, est de plus en plus maintenu, par les lois économiques naturelles, dans les voies qui servent le mieux l'intérêt commun.

La liberté du développement des facultés et des activités utiles, s'étendant à toute la production matérielle et aux travaux s'exerçant sur l'homme lui-même ou ses facultés, à l'enseignement, à l'éducation, aux cultes, — n'est pas seulement un moyen de donner à l'ensemble des efforts la plus grande fécondité possible, et de les maintenir constamment dans les voies réclamées par les besoins généraux ; mais encore le plus efficace des procédés pouvant élever le niveau du perfectionnement personnel sous tous les rapports, par les efforts d'initiative imposés et qui donnent aux facultés intellectuelles de ceux qui les font, l'exercice le plus favorable aux progrès de leur puissance de perfectibilité ; tandis que ces efforts salutaires sont interdits ou paralysés, à l'égard de tout ce que prétend conduire ou diriger, en dehors de sa mission protectrice, l'autorité sociale ou politique.

Cette dernière observation confirme la démonstration formulée plus haut [1], que les prétentions *directrices* de l'autorité sociale sont en flagrante contradiction avec la nature donnée à l'homme par son divin auteur : si chacun de nous, en effet, est doué à l'exclusion de toutes les espèces d'autres êtres animés de ce globe, du privilège de se perfectionner par ses propres efforts, de développer ses facultés natives et de devenir de plus en plus capable d'en accroître la puissance, précisément dans la mesure des efforts qu'il s'impose dans un tel but, il est clair que l'autorité sociale ou politique, prétendant ne pas lui laisser la libre initiative de ces déterminations, afin de lui imposer celles des hommes qui l'exercent, le prive entièrement de son privilège de perfectibilité, de sa qualité d'homme, et qu'en dirigeant à sa place, ses facultés et son activité, elle le réduit exactement à la condition de nos bestiaux asservis. Elle viole ainsi ouvertement les lois divines les plus indubitables ; aussi, si les mobiles pernicieux qui animent ses représentants, n'étaient pas en eux, on ne pourrait attribuer leurs agissements qu'à Satan ou Ahriman.

Cependant cette autorité n'est composée que d'hommes de même nature que ceux qu'ils ont asservis ; ils n'ont sur ces derniers nulle supériorité réelle d'intelligence, de caractère et surtout de moralité ; souvent même ils se montrent très inférieurs sous ces divers rapports, à la moyenne des classes de la population où ils se recrutent, — nous avons de cela trop d'exemples pour qu'il soit né-

[1] Début de la 2e section, pages 15 et 16.

cessaire d'en citer aucun; — comment donc expliquer la puissance qu'ils continuent à exercer?

Il faut se rappeler qu'il en est ainsi, depuis bien longtemps, de la plupart des civilisations de l'Europe; que leurs dominations monarchiques, féodales, militaires, sacerdotales ou démagogiques, n'ont point encore cessé de maîtriser, en formant les masses des populations à croire qu'il n'est point d'autre régime normal que celui qu'elles leur imposent.

Telles sont les véritables et principales causes de toutes les aberrations sociales auxquelles nous assistons de nos jours, du contraste si affligeant qu'offrent nos merveilleux progrès dans les sciences et dans l'industrie, en présence de toutes les insanités sans pareilles de la conduite générale, et de la crise formidable qui menace d'un prochain naufrage les plus gangrenées de nos civilisations.

Nous espérons, maintenant, avoir assez fait ressortir la suprême importance de renfermer l'action de l'autorité sociale ou politique dans sa mission *protectrice*, en réduisant le plus amplement et le plus rapidement possible son action *directrice*, qui n'est qu'une série de transgressions aux lois naturelles que nous avons à observer.

Nous terminons ici notre troisième section.

QUATRIÈME SECTION.

Des transgressions aux lois naturelles décrites, auxquelles se sont laissées entraîner les principales nations de l'Europe, plus particulièrement à partir de 1792, et qui ont abouti à la crise actuelle.

La transgression constante des lois naturelles que nous avons décrites a caractérisé jusqu'ici la conduite générale de toutes les sociétés politiques de l'ancien monde, ce qu'explique l'ignorance absolue où l'esprit humain est resté, à l'égard de ces lois, jusque vers le milieu du xviiie siècle, où les économistes physiocrates, de Quesnay à Turgot, en reconnurent et enseignèrent une partie. — Jusque-là, — à part quelques bonnes doctrines libérales professées par des réformés protestants, ou proclamées dans la déclaration des droits de 1689 en Angleterre, et surtout dans le *Traité du Gouvernement civil,* de Locke, où l'entente de la vraie liberté est étonnamment avancée pour l'époque, — on ne s'était guère avisé de contester aux régies gouvernementales la *direction* du développement des facultés et de l'activité des populations.

Nous croyons avoir **suffisamment** montré que c'est là la plus funeste des erreurs, la **principale** cause des maux que l'humanité a pu s'infliger à elle-même, parce qu'elle sacrifie la liberté réelle, la loi première et sûrement divine de notre nature, aux pernicieux. mobiles qui ne cessent de tendre à nous faire dominer, asservir et exploiter les uns par les autres. Une brève remarque suffira assurément, pour achever de convaincre tout esprit lucide et attentif, que nous ne rappelons ici que des vérités incontestables. Supposons que l'autorité sociale, quelque dénomination qu'on lui donne, soit strictement restreinte à la mission indispensable de protection et de défense que nous lui avons assignée ; tout son personnel n'aurait à s'occuper que de remplir de mieux en mieux cette mission, et ne pourrait avoir d'autre action sur les mauvais mobiles que celle de les contenir ou de les réprimer. Admettons, au contraire, qu'il appartient à cette autorité de diriger le développement des facultés et de l'activité des populations : aussitôt, tous les mauvais mobiles sont excités à s'emparer de la proie qui leur est offerte, à se disputer avec acharnement ce pouvoir de diriger les populations de façon à les amener à satisfaire, le plus amplement possible, toutes les convoitises de leurs régisseurs. C'est là ce qui a rendu possibles tous les agissements du militarisme dominateur et du socialisme d'État, que nous avons rappelés, et ce qui tend à perpétuer des régimes finissant toujours par entraîner la dissolution et la ruine des sociétés qui les subissent. C'est par là, en effet, qu'ont sombré toutes les dominations politiques, que l'on nomme les *civilisations antiques*.

Parmi ces prétendues civilisations, où les professeurs d'histoire de nos enseignements autoritaires s'évertuent encore aujourd'hui à nous faire admirer « *la noble et pure antiquité* » (expression de M. Thiers) — la domination romaine a été la plus étendue, une des plus durables, et la plus exécrable de toutes par les guerres incessantes qu'entretenaient ses conquêtes, et l'affreux esclavage qu'elle faisait peser sur les grandes masses des populations subjuguées ; — et c'est là encore que nos enseignements autoritaires nous montrent les modèles de la supériorité et de la grandeur !

Par cette persistance de nos régimes sociaux modernes à nous faire admirer ce qui devrait être le plus détesté et maudit, on peut reconnaître combien les pernicieux mobiles ayant fondé les prétendues civilisations antiques, sont encore loin parmi nous d'être réduits à l'impuissance. Au surplus, leur empire ne fut guère amoindri après la conquête, par les armées de Germains et de Francs, de presque toutes les provinces romaines de l'Europe : seulement l'atroce esclavage romain fut un peu adouci par sa réduction en servage, et aussi par l'extension rapide du christianisme primitif, auquel manquait encore la puissance pour devenir la domination féroce qu'il a souvent été depuis ; mais le régime féodal, pendant toute la durée du moyen âge, puis celui des monarchies de plus en plus absolues, — pouvoirs alternativement associés ou en lutte avec le sacerdoce romain, — ne constituèrent pas moins des dominations des plus oppressives, où les grandes masses n'étaient guère mieux traitées que nos bestiaux, et des plus fécondes en guerres intestines et internationales, en persécutions religieuses, seigneuriales et monarchiques.

Aux xve et xvie siècles, les réformes protestantes et l'invention de l'imprimerie permirent d'acquérir et de propager quelques lumières intellectuelles et morales, semées dans l'ensemble des esprits, généralement abrutis; peu à peu ces lumières grandirent et se propagèrent davantage aux siècles suivants : les révolutions religieuses et politiques de l'Écosse et de l'Angleterre, aux xviie et xviiie siècles ; — la réaction contre la domination sacerdotale qui suivit en France la révocation de l'Édit de Nantes, aggravée par les *dragonnades* dans les Cévennes et l'expulsion en masse des protestants ; — l'expulsion des jésuites et la suppression de leur ordre par le pape Clément XIV en 1773 ; — enfin la déclaration d'indépendance des colonies anglaises de l'Amérique du Nord en 1776, — disposèrent les meilleurs esprits à espérer l'amendement, ou la chute plus ou moins prochaine, des régimes qui, depuis quatorze siècles, avaient maintenu le grand nombre des populations sous le joug, presque aussi dur que celui de l'ancienne domination romaine, de la féodalité nobiliaire, du sacerdoce catholique, des royautés absolues et de leurs courtisans.

Ces espérances parurent sur le point de se réaliser, par deux événements qui se suivirent de près.

En premier lieu, le triomphe définitif de l'Union Américaine du Nord dans la cause de son indépendance contre l'Angleterre, triomphe auquel Lafayette d'abord, et l'armée française ensuite, concoururent efficacement.

On n'a point encore assez remarqué que cette évolution a été la plus importante, et la plus heureuse, de toutes celles de l'humanité dont on ait souvenir. Les colonies qui l'accomplirent avaient longtemps souffert de l'immixtion continuelle du gouvernement anglais dans leurs affaires et leurs intérêts, des obstacles qu'il opposait sans cesse à la liberté de leurs déterminations, même les plus nécessaires et le plus justement motivées. Cela avait amené bien des esprits à réfléchir ou méditer sur l'autorité et la liberté, et fait naître, dans les plus lucides, la conviction que, si l'une doit servir l'autre, ce ne doit pas être la liberté. La mission de l'autorité se trouvait dès lors déterminée dans leur esprit, et limitée à faire respecter la liberté, la personne et les droits communs de tous ; le respect de la propriété privée légitimement acquise est nécessairement compris dans celui de la liberté, puisque sans la propriété privée il n'y a plus que le communisme, ne laissant de liberté à personne.

Les hommes vraiment supérieurs qui ont fondé l'Union Américaine ont-il compris ces vérités? nous le pensons. Du moins, ils ont agi, autant qu'ils le pouvaient alors, comme s'ils les eussent mûrement méditées et complètement adoptées; — ils ont réduit strictement à ce qu'elles devaient être les attributions du pouvoir fédéral; — tous les États qui n'avaient pas hérité de la plaie de l'esclavage n'ont pas, non plus, étendu les services de l'autorité locale au delà de sa mission nécessaire ; — enfin, depuis vingt ans, l'esclavage est définitivement aboli dans tous les États. Voici quels ont été les résultats d'un tel régime :

A l'époque de sa fondation, en 1787, les États-Unis comptaient une population de 3,500,000 individus, y compris 500,000 esclaves ; le territoire défriché ne s'étendait guère à plus du tiers de ce qu'il est dans la France actuelle. A l'heure présente, l'Union Américaine ne compte pas moins de 60 millions d'individus, sans un seul esclave, — dix-sept fois autant qu'en 1787, — elle a étendu ses cultures dans une proportion plus forte encore, — trouvé dans son sol d'immenses richesses souterraines qu'elle exploite largement : houille, fer, pétrole, outre l'or et l'argent, — multiplié ses chemins de fer deux fois plus qu'ils ne le sont, à population égale, dans les parties de l'Europe les mieux servies, — répandu une instruction primaire embrassant ce qu'il est le plus utile d'enseigner, au point que ceux qui l'ignorent, à part les anciens esclaves et les nouveaux immigrants, ne sont que de rares exceptions, — formé des savants pratiques, des ingénieurs, des électriciens surtout, qui, depuis vingt à trente ans, devancent ceux de l'Europe dans presque toutes les découvertes.

Elle est, d'ailleurs, totalement affranchie de toute domination, — nobiliaire, — cléricale, — monarchiste, — de tout privilège de caste ou de classe, même de toute décoration honorifique, grâce au bon sens de Franklin. Tout en sachant fort bien se battre et vaincre, au besoin, elle n'a rien de cette ardeur insensée, de cette fièvre belliqueuse, si hautement prisées de ce côté-ci de l'Atlantique et en France surtout; car, elle dissout ses armées et vend ses flottes militaires et ses canons dès que la guerre est terminée. Enfin, malgré quelques erreurs empruntées à l'Europe, telle que la prétendue protection douanière, contre laquelle elle réagit déjà sérieusement, l'Union Américaine est bien réellement la seule grande nation vraiment libre qui ait encore surgi dans l'humanité. Et remarquons bien que les immenses et heureux résultats que nous venons de rappeler trop sommairement, ont été obtenus en moins d'un siècle!

Comment un tel exemple n'éclaire-t-il pas encore les populations victimes des régimes sociaux qui persistent à prévaloir en Europe? — L'éloignement n'en est pas la cause, car la Suisse, qui est limitrophe avec l'Allemagne, l'Autriche, l'Italie et la France, et offre depuis des siècles — l'exemple d'institutions non moins libérales et salutaires que celles de l'Union Américaine, n'a nullement été imitée par aucune de ces nations. — C'est que l'enseignement, l'éducation, lorsqu'ils ne sont pas laissés à une vraie liberté, et restent plus ou moins dirigés par des dominations, s'évertuant à les rendre favorables à la consolidation de leurs pouvoirs, deviennent, après quelques générations, une seconde nature pour ceux qui les ont reçus, lesquels, ne pouvant dès lors guère estimer les populations qui ne leur ressemblent pas, croiraient déchoir ou s'abaisser en les imitant.

Le pouvoir de tels enseignements est si grand que, même sous notre République actuelle, il entraîne nos régisseurs à prendre pour la liberté précisément l'inverse de ce qui la constitue réellement. Ainsi, une loi de 1881, votée par une majorité ne comprenant rien à ce que doit être la liberté pour être vraie, avait disposé que les discussions dans les réunions publiques et dans la presse seraient désormais — *entièrement* libres. Il en est résulté que l'on a prêché à outrance dans de nombreuses et fréquentes réunions, et dans les journaux qui sont leurs organes, d'odieuses calomnies contre tous ceux qui ne partagent pas leurs doctrines communistes, collectivistes, anarchiques, — et en cas de résistance à leur propagande, — la révolte, le pillage et l'assassinat. Quelques-uns se sont indignés ou alarmés d'un tel dévergondage, et ont demandé la réforme de la loi qui l'autorise; or, à l'heure où nous écrivons ceci (15 avril 1886), notre gouvernement a déclaré qu'il ferait le nécessaire pour le maintien de l'ordre; mais qu'il ne veut rien res-

treindre à la liberté de la parole et de la presse et s'opposerait à
la réforme demandée. Il croit probablement se poser ainsi en dé-
fenseur de la plus grande liberté possible, et ne s'aperçoit nullement qu'il foule aux pieds toutes les libertés salutaires, la liberté
du travail, celle des échanges, celle de l'enseignement et de l'éducation, — celle des cultes, — avec les réserves nécessaires pour
que ces libertés soient réelles et égales pour tous ; — tandis qu'il
accorde une liberté sans réserves ni limites, précisément à ce qu'il
a le devoir de réprimer ; car les provocations acharnées à la révolte, au pillage ou l'égorgement, ne sauraient être des actes inno-
cents. Est-ce assez de pitoyables divagations ? En attendant, ce
même gouvernement continue à faire dévorer de plus en plus rapidement nos ressources par le socialisme d'État et le militarisme.
Faudra-t-il donc attendre que des régimes aussi insensés aient
achevé la ruine nationale, et soulevé partout les terribles insur-
rections de la misère et de la faim ?

En second lieu, l'autre événement, survenu deux ans après celui
de l'indépendance de l'Union Américaine, est la Révolution française de 1789, de plus en plus pressentie, à partir du dernier quart
du dix-huitième siècle, et que le triomphe des États-Unis contribua
notablement à déterminer, — c'est elle qui pouvait donner le plus
d'espoir aux nations de l'Europe, d'être bientôt délivrées des régimes féodaux, des monarchies absolues et des persécutions sacerdotales. L'Assemblée constituante, en accomplissant cette Révolution, crut devoir maintenir la monarchie héréditaire, et lui laisser
des moyens temporairement suspensifs des décisions de la représentation nationale ; mais tous les autres privilèges furent abolis,
et l'égalité devant la loi de tous les Français majeurs fut proclamée.
Le droit de participer à l'élection des représentants ne fut subor-
donné qu'au paiement de la contribution personnelle (trois jour-
nées de travail) ; si, à cette condition, on eût ajouté celle de savoir
lire et écrire et de jouir des droits civils, les conditions de l'exercice du droit électoral eussent été aussi bien établies que possible,
et beaucoup mieux qu'elles ne le sont aujourd'hui en France. En
matière religieuse, la liberté des croyances et cultes fut établie,
sous la réserve expresse imposée à tous du respect des droits communs ; seulement la Constitution ne laissa pas, comme celle de
l'Union Américaine, les services et les dépenses des cultes, à la libre

activité privée, et ce fut là, assurément, l'une des plus regrettables erreurs de notre grande Assemblée, d'ailleurs si digne d'admiration par le courageux dévouement qu'elle apporta à l'accomplissement de son œuvre, dont les imperfections, si elle eût été maintenue, auraient pu être corrigées successivement, à mesure qu'on en aurait reconnu la nécessité.

Mais l'abolition par la Constitution, achevée en 1791, de tous les pouvoirs oppresseurs exercés avant 1789, par la noblesse, le sacerdoce romain, la monarchie absolue et tous ses courtisans ou satellites, ne pouvait obtenir la résignation passive de la majorité de ceux dépossédés de tels pouvoirs ; la plupart s'indignaient surtout de la proclamation de leur *égalité devant la loi,* avec ce bétail humain qu'ils avaient exploité à leur gré pendant si longtemps ; aussi ne tardèrent-ils pas à se concerter et s'unir, pour aller solliciter des autres États de l'Europe, — où les mêmes pouvoirs oppresseurs fondés par les mêmes mobiles pernicieux, étaient encóre en pleine puissance, — le renversement de notre nouvelle Constitution. Nos représentants notables de l'aristocratie nobiliaire, le haut clergé romain et les princes de la famille royale furent des premiers émigrants, et ils parvinrent facilement à disposer les dominations de l'Europe à soutenir leur cause, en forçant la nation française, par la réunion de leurs armées, à renoncer à ses insolentes prétentions d'affranchissement.

Le concert des puissances européennes dans un tel but était déjà arrêté dès les premiers mois de 1792, et leurs armées ne tardèrent pas à être dirigées vers nos frontières : la Prusse, l'Autriche et quelques princes d'Allemagne attaquèrent d'abord, — puis, la chute de la monarchie, devenue imminente depuis la fuite, l'arrestation et la captivité de Louis XVI, détermina d'autres souverains à se joindre aux premiers agresseurs. A l'intérieur, les divisions et les luttes acharnées croissaient sans cesse. Aux efforts de la réaction nobiliaire et cléricale, qui parvinrent à insurger la Vendée, se joignirent, pendant la durée de l'Assemblée législative, la scission entre les constitutionnels et les républicains, et sous la Convention, celle des Montagnards et des Girondins. La condamnation et l'exécution de Louis XVI, achevèrent d'exaspérer toutes ces haines furieuses.

Malgré d'aussi formidables divisions, qui semblaient devoir rendre impossible toute résistance de la France aux nombreuses armées réunies pour l'envahir, les réformes accomplies par la Constituante avaient inspiré, aux grandes masses nationales, une telle ardeur de les défendre, une si ferme résolution de ne pas retomber dans les cruelles et avilissantes servitudes dont elles les avait affranchies, que les volontaires disposés à combattre jusqu'à la mort pour cette défense s'offrirent par centaines de mille. Ce fut avec ces soldats non exercés, mal équipés et mal armés, que les quatorze armées étrangères, qui nous assiégeaient à la fois, furent contenues et repoussées, que la révolte des Vendéens fut maîtrisée ; ce sont ces mêmes volontaires, recrutés par de nouveaux chaque année, qui suffirent pendant quatre ans pour maintenir les armées étrangères, malgré les renforts qu'elles recevaient, au dehors de nos frontières et fort au delà sur divers points ; — et ce sont encore les mêmes troupes qui formaient, en 1796, cette armée d'environ trente mille hommes, cantonnée sur les revers des Alpes, mal pourvue de tout, et que le général Bonaparte fut chargé de conduire en Italie. On sait quels prodiges elle accomplit, et dont le souvenir faisait écrire à son chef, à Sainte-Hélène, que « *ses ar-* « *mées mécaniques n'avaient jamais valu ces corps de soldats-* « *citoyens, avec lesquels il accomplit ses premières et plus bril-* « *lantes campagnes* ».

Jusqu'ici, toutes les transgressions des lois naturelles que nous avons décrites dans la précédente section, toutes les culpabilités et tous les maux de la guerre, sont exclusivement imputables d'abord aux Français qui, ne voulant pas sacrifier les prétendus droits qu'ils s'étaient attribués, de satisfaire, aux dépens de leurs semblables, leurs passions dominatrices et cupides, furent solliciter la complicité des dominations étrangères, fondées sur les mêmes prétentions ; — ensuite, à ces derniers dominateurs, qui n'hésitèrent pas à se rendre complices des mêmes crimes, craignant que s'ils permettaient à la nation française de s'y soustraire, les leurs ne voulussent s'en affranchir également en l'imitant.

Seulement, ces dominateurs ne se doutaient guère qu'ils allaient en susciter un autre, qui ne serait rien moins qu'un César romain, — prétendant les remplacer, ou les tenir tous son joug. — Ce César était le général Bonaparte : doué d'un caractère énergique, du génie ou de l'art du commandement, de talents militaires supérieurs, mais qui devaient beaucoup à ceux déjà appliqués à la défense du pays par Carnot, il contribua assurément pour une forte part aux succès sans pareils de la campagne d'Italie ; mais il avait une armée sans pareille, comme il l'a reconnu lui-même, composée d'hommes sentant tous vivement qu'ils défendaient leur propre cause, et s'y dévouant avec une ardeur et une émulation croissantes ; il est très vrai qu'avec une armée mécanique, il n'eût pu obtenir de tels succès ; c'est lui, néanmoins, qui en recueillit toute la gloire, et dès la fin de cette campagne, il était devenu l'idole de l'armée et d'une partie de la nation.

Ce commencement d'idolâtrie inquiétait fort le Directoire, qui, dans les négociations relatives au traité de Campo-Formio, avait vu percer les prétentions dictatoriales du triomphateur ; aussi souscrivit-il avec empressement à la pensée singulière qui était venue à celui-ci d'aller conquérir l'Égypte, ce qui fut décidé comme un moyen de causer un préjudice à la domination anglaise, qui s'était montrée des plus hostiles contre nous, et que nous n'avions pu combattre autrement ; — cette conquête stérile, sauf les travaux de la Commission scientifique, nous coûta la mort de Kléber et de bien d'autres, et dut être abandonnée bientôt après ; mais elle accrut le renom et la gloire de Bonaparte, qui revint d'Égypte avant son armée, afin de profiter d'une crise qu'il jugeait favorable à ses projets ambitieux.

On sait le reste : son usurpation du 18 brumaire (10 novembre 1799), — le renversement du Directoire et des deux Conseils, et leur remplacement par son Consulat. Il consacra, en quelque sorte, cette usurpation violente par la victoire de Marengo, au retour de laquelle l'admiration de l'armée et des grandes masses nationales lui ouvrirent des perspectives de domination qui ne dépassaient nullement la hauteur de son monstrueux orgueil. Pendant quatre ans, il gouverna avec des comités qu'il changeait à son gré, c'est-à-dire à peu près seul, jusqu'au 2 décembre 1804, où tout ayant été dûment et largement préparé, il se fit oindre et sacrer empereur des Français par le Pape.

Dès lors, la nation française cessa de s'appartenir pour devenir l'instrument passif d'un despote, qui la conduisit, l'enseigna, la façonna à son gré, comme son armée, — lui enlevant à la turque ses hommes valides et ses ressources, afin d'étendre ses conquêtes en Europe, et de pourvoir de trônes ses frères et d'autres membres de sa famille. Pendant plus de dix ans, il nous rendit, à notre tour, agresseurs des autres nations de l'Europe continentale ; n'ayant pu subjuguer l'Angleterre, il s'avisa de la ruiner, par une mesure aussi absurde que gigantesque : le Blocus continental, — et c'est parce que l'empereur de Russie ne s'était pas prêté à son exécution, qu'il conduisit son armée à Moscou, qui fut incendié par les Russes pour l'empêcher d'y hiverner. Ce devait être le commencement de la fin des prouesses de ce grand guerrier; il fut vaincu une première fois et confiné à l'île d'Elbe, d'où il revint bientôt, retrouva son armée et entreprit de nouvelles luttes, que termina, enfin, sa défaite à Waterloo et sa captivité à Sainte-Hélène.

Cet homme est assurément celui qui a le plus nui aux civilisations de la France et de l'Europe, en y faisant prévaloir et glorifier plus que jamais l'affreux mobile de la domination guerrière, le plus opposé à notre élévation réelle, à notre perfectionnement, et le plus fécond en dégradations intellectuelles et morales. Si, après le traité de Campo-Formio, nous eussions eu, au lieu d'un tel homme, un George Washington, il est à croire qu'il nous aurait facilement amenés à imiter le régime des États-Unis. Les monarchies et aristocraties de l'Europe, déjà vaincues, n'auraient pu se coaliser de nouveau contre nous, car leurs populations auraient vu trop clairement, qu'en imitant cette fédération, nous agissions pour elles en même temps que pour nous, et peut-être verrions-nous aujourd'hui les civilisations européennes, au lieu de se trouver en proie à la formidable crise qui menace de les faire sombrer, — séparées en un petit nombre de républiques fédératives, comme l'Union Américaine, et travaillant en paix et en liberté aux développements de la perfectibilité humaine.

Mais les sinistres et pernicieux mobiles du militarisme dominateur et du gouvernementalisme à outrance, dont nous avait infestés le premier Empire, rendaient impossible notre retour vers la vraie civilisation, dont les routes nous ont été signalées et en partie ouvertes par notre Révolution de 1789.

La Restauration, outre les charges, alors fort lourdes, de 1,700 millions de francs d'indemnités pour les alliés, et d'un milliard pour les émigrés, nous ramenait une violente réaction cléricale et nobiliaire contre les réformes de 1789. Grâce au bon sens relatif de Louis XVIII, elle ne put arriver à ses fins; la charte octroyée donnait quelques garanties contre les excès du pouvoir royal, et le rétablissement de la paix, interrompue un moment, en 1823, pour restaurer en Espagne la royauté déchue, permit à notre nation de reprendre sérieusement l'ensemble des travaux producteurs. Relativement à l'Empire, et bien que la Restauration eût conservé et même aggravé son régime administratif, cette paix fut une délivrance. Mais elle ne devait pas durer longtemps. La réaction pour le rétablissement de l'ancien régime reprit plus fortement et fut mieux écoutée sous Charles X, dont on obtint les ordonnances qui violèrent la charte, et amenèrent la Révolution de juillet 1830.

Le nouveau régime mit fin, provisoirement, aux tentatives de réaction en faveur de l'ancien; mais il n'améliora pas la situation. Il institua une Chambre des pairs à la nomihation du roi, et étendit le droit électoral pour la Chambre des députés à tous les Français payant une contribution directe d'au moins 200 francs, soit à environ 220,000 électeurs, — proportion trop faible pour représenter suffisamment la nation, et pour ne pas donner aux électeurs la tendance à constituer une aristocratie; — aussi ne tardèrent-ils pas à devenir la classe dirigeante, l'aristocratie nouvelle du pays, s'assimilant en majorité les vanités et les prétentions de l'ancienne; le régime administratif et le socialisme d'État de l'Empire furent encore aggravés par la multiplication des fonctionnaires, des réglementations et l'extension des mesures prétendues protectrices de l'industrie nationale. Le militarisme se releva, sans autre prétexte que l'Algérie, et malgré les tendances pacifiques de Louis-Philippe, jusqu'à maintenir à peu près constamment une armée permanente de 400,000 hommes, c'est qu'il fallait aux fils et neveux de l'aristocratie bourgeoise, — élevés selon les principes belliqueux de l'Université impériale, des postes d'officiers militaires, ou pour les moins guerriers, de fonctionnaires civils, leur assurant une position en rapport avec leur prétentieuse éducation, sans trop grever le budget de la famille. Bref, après dix-huit ans d'un tel régime, que renversa la Révolution de février 1848, amenée par le refus du roi et de son ministre dirigeant, M. Guizot, d'étendre le droit électoral, — le budget de l'État, que l'on avait vu avec anxiété, vers la fin de la Restauration, arriver à près d'un milliard de francs, s'était graduellement élevé, sous le gouvernement de 1830, à un milliard et demi, outre une dette de cinq milliards.

Cette Révolution de 1848 devait devenir des plus funestes pour la France, et causer un nouvel ébranlement général en Europe. Elle rassembla dans Paris, autour du gouvernement provisoire, des hommes de tous les partis : — des républicains plus ou moins terroristes, — des socialistes de toute secte, — fouriéristes, cabélistes ou icariens, proudhonniens, sectateurs de Babœuf, de Barbès, de Blanqui, de Louis Blanc, etc. ; — puis de nombreux partisans de la monarchie déchue, des légitimistes et des bonapartistes. L'Assemblée constituante de 1848, élue par le suffrage universel, tel que l'avait fait admettre Ledru-Rollin, fut plus ou moins composée de ces divers partis et d'un groupe d'une soixantaine d'hommes éclairés et bien intentionnés, mais qui restèrent en minorité; parmi eux se trouvait M. Grévy, président réélu pour sept ans de notre République actuelle, moins déférant alors qu'aujourd'hui pour les engouements populaires, et prévoyant avec une lucidité, qui malheureusement ne fut pas assez comprise, les funestes conséquences que pourrait avoir l'élection à la présidence du troisième fils d'Hortense de Beauharnais; il proposa de faire élire le Président de la République pour quatre ans, par l'Assemblée constituante elle-même, proposition qui n'obtint qu'une faible minorité. Si elle eût été adoptée, l'honnête général Cavaignac eût été nommé à une forte majorité, et la France eût échappé à tous les malheurs, à toutes les dégradations, à toutes les hontes, qu'a fait peser sur elle le sinistre aventurier qui fut élu.

Si le patriotisme, tel qu'on nous l'enseigne, ne défendait pas de désavouer, même les pires sottises nationales, nous nous demanderions si une telle élection, que rien absolument ne pouvait motiver dans le personnage qui en était l'objet, connu seulement par ses fredaines de Strasbourg et de Boulogne, etc., ne serait pas une preuve accablante de l'imbécilité de notre spirituelle nation? En tout cas, il n'est guère possible de disconvenir qu'aucune des populations de l'Asie ou de l'Afrique, que nous avons la prétention de civiliser, si elle avait eu à se choisir un chef, n'aurait fait un choix aussi stupide, aussi dépourvu de tout motif avouable que le nôtre. Et remarquons bien que ce choix n'a pas été seulement celui de la masse ignorante, votant sur un nom, sans savoir seulement s'il était légitimement porté; c'était encore celui de toute la corporation du clergé catholique romain et de ses adhérents laïques; c'était, enfin, celui de tout le parti orléaniste, qui croyait agir très finement, comme on s'en souvient, *en laissant les Bonaparte essuyer les plâtres*. Malheureusement le ridicule est la moindre des expiations qu'un tel choix devait nous infliger.

On sait avec quelle infamie grossièrement éhontée le traître du

10 décembre 1851, aidé de ses dignes acolytes, accomplit sa sanglante usurpation, — enivrant les troupes, déshonorant l'armée, mitraillant ou fusillant tous les résistants, et même les attroupements sans armes mêlés de femmes et d'enfants, — emprisonnant la représentation nationale, proscrivant, exilant, par ses commissions mixtes, tous les suspects d'insoumission, — puis se faisant préparer des mots par son frère utérin de Morny, tels, par exemple, que ceux-ci : « *Nous sortons de la légalité pour rentrer dans le droit* », et les débitant avec la plus arrogante impertinence. C'est ainsi qu'il parvint, grâce à nos divisions, à nos lâchetés, à nos corruptions déjà déplorables, et qu'il accrut rapidement, à consolider son pouvoir, dont la durée de près de vingt années sera pour la nation française une flétrissure ineffaçable.

Il s'était donné pour le *Napoléon de la paix*, ce qui ne l'empêcha nullement de rechercher toutes les occasions de guerre, d'abord, parce que la guerre, les grandes armées, les grands armements, étaient les sources les plus fécondes en moyens d'assouvir toutes ses convoitises et celles de son entourage ; ensuite, parce qu'il comprenait assez que son oncle prétendu avait fait, de la gloire militaire, celle de nos dangereuses folies pouvant le mieux servir à consolider notre asservissement. Il n'était pas d'ailleurs personnellement guerrier ; c'était là son moindre défaut ; il l'a assez prouvé à Sedan.

Il débuta par s'associer à l'Angleterre pour la guerre de Crimée, qui nous coûta des myriades d'hommes et des milliards de francs, sans autre résultat que de défendre et sauver l'intéressante domination des Turcs, si nécessaire au maintien de l'éternelle question d'Orient, le plus riche patrimoine de tous les corps diplomatiques de l'Europe.

Plus tard, il déclara la guerre à l'Autriche en faveur de l'Italie. Cette guerre eut pour résultat de froisser à la fois l'Autriche, l'Allemagne et l'Italie. Après la bataille de Solférino, il signa la paix avec l'empereur d'Autriche, l'obligeant à livrer la Lombardie, mais lui réservant la Vénétie et ses autres dominations en Italie ; — les Italiens refusèrent de souscrire à un tel arrangement et s'allièrent avec la Prusse pour obtenir l'intégralité de leur territoire. Napoléon III revint alors avec son armée à Paris, où il organisa une fantastique fête triomphale à laquelle il présida. Les Allemands n'oublièrent pas cette humiliation que leur infligeait celui qui avait laissé sans exécution le traité qu'il avait proposé et signé.

Faut-il rappeler la guerre du Mexique, *la grande pensée du règne,* selon les vils encenseurs de celui qui régnait, et qui laissa fusiller Maximilien d'Autriche à Mexico, après l'y avoir entraîné. pour en faire un empereur du Mexique? L'exécution de cette grande pensée, mêlée aux sales tripotages avec le banquier Jecker, acheva de donner la mesure de l'homme sous le joug duquel nous nous étions placés; le degré de mépris dont il jouissait en Europe ne pouvait plus monter; il le savait et n'en sentait que mieux le besoin de se faire craindre. Il voulut d'abord prouver à l'Europe qu'il disposait toujours de nous à son gré, et c'est ce qu'il fit par le vote de son absurde plébiscite de 1869. Ses dispositions hostiles étaient surtout dirigées contre la Prusse. Il avait laissé s'accomplir la guerre de la Prusse et de l'Autriche contre le Danemark, auquel on enleva le Schleswig-Holstein pour en faire une province prussienne; puis celle entre l'Autriche et la Prusse, qui réunit encore à celle-ci plusieurs provinces de l'ancienne Confédération du Rhin. Mais il avait rancune de l'alliance de la Prusse avec l'Italie, au moment où il abandonnait celle-ci.

Un de nos publicistes de talent, M. Prévost-Paradol, qui, jusque-là, s'était montré très hostile au second Empire, publia en 1869 un volume intitulé *La France nouvelle,* dans lequel la guerre contre la Prusse était préconisée et présentée comme étant devenue à peu près inévitable. On apprit à la fois, ou en même temps, que l'auteur, nommé représentant de la France à Washington, s'était rendu à son poste, et que dans la nuit qui suivit sa présentation au Président de l'Union, il s'était suicidé, — résolution qui n'a guère été expliquée. Nous pensons que l'auteur de la France nouvelle avait été vivement engagé à faire ce livre, dont l'ambassade serait le prix, et que, sous le poids de l'indignité d'une telle conduite, au sein d'une nation vraiment libre, et répudiant le mobile de la *prépondérance guerrière,* il s'était fait justice.

Quoi qu'il en soit, survint bientôt un offre de la couronne d'Espagne, faite à un prince de la famille des Hohenzollern. Aussitôt, le gouvernement du second Empire fit notifier au roi de Prusse, par son ambassadeur à Berlin, M. Benedetti, qu'il ne tolérerait pas que le trône d'Espagne fût occupé par un prince de cette famille. Le roi Frédéric-Guillaume répondit qu'il était lui-même opposé à l'acceptation d'une telle offre et qu'il avait écrit en conséquence à son parent; on apprit bientôt qu'avant même d'avoir reçu la lettre du roi de Prusse, le père du jeune prince l'avait décidé à refuser l'offre de l'Espagne; dès lors on ne crut plus à la guerre. Mais un incident était survenu. Le pape Pie IX aurait écrit à l'impératrice Eugénie, immédiatement après la première réponse faite par le roi de Prusse au Gouvernement français, pour féliciter l'empereur de la guerre qu'il voulait entreprendre, disant qu'il se placerait ainsi à la tête de la catholicité, redeviendrait le fils aîné de l'Église, etc. — M. de Bismark a déclaré, dans une séance de l'Assemblée représentative prussienne, qu'il possédait cette lettre. Soit que Napoléon III se crût plus fort de l'approbation du Pape, soit qu'il fût bien résolu à pousser à la guerre dans tous les cas, il fit répondre au roi de Prusse, par son ambassadeur, que la renonciation actuelle ne suffisait pas, et qu'il fallait qu'il prît lui-même l'engagement que jamais aucun prince de sa famille ne pourrait accepter la couronne d'Espagne.

Frédéric Guillaume répondit que cette nouvelle demande était insensée, car il ne pouvait répondre de l'avenir, ou qu'elle était une injure, mais qu'il se bornerait à la considérer comme non-avenue; cette réponse fut transmise et on y ajouta qu'après l'avoir faite, le roi de Prusse avait brusquement tourné le dos à notre ambassadeur; ce qui a été démenti depuis par M. Benedetti; mais ce tournement de dos ne fit pas moins merveille. La Chambre des députés du second Empire vota par acclamation la déclaration de guerre, et au moment où le président allait clore la séance, Gambetta se leva pour demander qu'il fût bien constaté par le procès-verbal, que lui et les autres membres présents de l'opposition, s'étaient joints à l'approbation de la déclaration de guerre.

C'est ainsi, et par une vraie querelle d'allemand faite au roi de Prusse que nous avons été mis en guerre contre toute l'Allemagne, avec une armée et des armements très réduits, par des spoliations gouvernementales énormes, dénoncées par la Commission dont M. d'Audiffret-Pasquier a été le rapporteur et que la Cour des Comptes fut *forcée de sanctionner par la pression d'en haut.*

Le châtiment ne se fit pas attendre et fut affreux : nos troupes, trop insuffisantes, écrasées à chaque rencontre; la France envahie par plus d'un million d'Allemands; nos provinces ravagées et rançonnées; toutes nos places fortes réduites, à l'exception de Belfort; Paris dompté par l'investiture et la famine; le roi de Prusse et son entourage à Versailles ; notre armée en grande partie exterminée et tout le reste prisonnier, livré avec tous nos armements, équipages, bagages, etc., par Napoléon III à Sedan, et par Bazaine à Metz. Et il nous fallut acheter la paix par la cession de toute l'Alsace, notre plus riche province, de Metz et d'une partie de la Lorraine ; plus une indemnité de cinq milliards de francs, que devait grossir l'occupation allemande jusqu'à libération. Il nous fallut encore réparer autant que possible les désastres de l'invasion et de la guerre, faire face à une dette que le second Empire, tout en portant le budget annuel de 1,500 millions, à plus de deux milliards de francs, avait presque triplée dès avant 1870, et à laquelle cette année *terrible,* comme on a pu le dire sans hyperbole, devait ajouter douze milliards.

En outre, après la honteuse reddition de Sédan, l'opposition républicaine avait cru devoir fonder à Paris, avec le concours du général Trochu, un *Gouvernement de la défense nationale,* comptant prolonger une lutte qui n'était plus soutenable. Paris fut bientôt investi et le Gouvernement provisoire, privé de relations (autrement qu'au moyen de ballons et de pigeons) avec les départements, revêtit de son mandat pour y organiser la défense, le plus jeune de ses membres, Gambetta, qui sortit de Paris en ballon et traversa, non sans péril, les lignes allemandes : courageux, dévoué, orateur éloquent ; mais jeune (32 ans), inexpérimenté, privé, comme tous nos uiversitaires, de toute saine notion d'économie politique et sociale, Gambetta parut croire qu'il trouverait en France, pour recruter des armées de volontaires, le même élan qu'en 1792, sans comprendre que nos populations avaient été divisées et désunies par les divers régimes qu'elles ont subi depuis le commencement de ce siècle, déplorablement corrompues, surtout par le premier et et le second Empire ; qu'en 1792 elles avaient à se défendre contre la plus inique des agressions, tandis qu'en 1870, elles n'avaient qu'à lutter pour soutenir une guerre stupidement provoquée pour satisfaire les rancunes d'un misérable ; on sait que malgré tous ses efforts, et le dévouement de Garibaldi et de ses Italiens, Gambetta ne put réunir que des forces absolument insignifiantes pour lutter contre douze cent mille envahisseurs victorieux.

Il fallut, dès lors, procéder à l'élection d'une Représentation nationale, principalement en vue de négocier les conditions de la paix et de l'évacuation du territoire par l'armée allemande. Aussitôt Gambetta fit afficher partout, que la France ne pouvait accepter qu'une paix honorable, qu'elle ne devait pas céder un pouce de terrain, et qu'il ne fallait nommer que des représentants prenant l'engagement de soutenir ces conditions. Sans cette malheureuse proclamation, son acte le plus insensé, quelque honneur qu'on veuille en faire à son patriotisme, l'Assemblée élue aurait été presque entièrement républicaine et libérale; mais s'ancrer absolument à ces conditions de paix que l'on était certain de ne pas obtenir, sans la moindre force permettant de les soutenir, c'était demander à la France un véritable suicide. C'est ce que comprirent vite tous les partis réactionnaires; il ne leur fut pas difficile de lutter victorieusement contre des candidats acclamant le programme de Gambetta; aussi l'Assemblée fût-elle composée, en très grande majorité, d'orléanistes, de légitimistes et même de bonapartistes, pour bien accuser la gangrène dont nous étions atteints.

De nouveaux malheurs devaient en résulter; car, cette Assemblée antirépublicaine, qui remplaça Thiers à la présidence par le général Mac-Mahon, uniquement parce que le premier avait déclaré qu'en présence des diverses compétitions monarchiques, le maintien de la République lui paraissait la détermination la plus sage, — dont un comité s'était cru à la veille d'installer le comte de Chambord roi de France, — dont la grande majorité s'était associée à l'entreprise dictatoriale du 16 Mai, qui n'a voulu quitter Versailles qu'en 1880, et qui, en tout cela, était en opposition avec l'opinion de plus des trois quarts de la nation, comme l'ont prouvé toutes les élections qui ont eu lieu depuis sa nomination, uniquement due à la faute de Gambetta, — cette Assemblée, disons-nous, a été la cause principale et déterminante de l'insurrection communale de Paris et de tous les désordres sauvages, — massacres, — fusillades, — incendies, — qui l'ont accompagnée.

Notre situation, déjà si triste, se trouva considérablement empirée, — les divisions et les haines entre les divers partis, plus envenimées que jamais, — la situation économique et financière de plus en plus alarmante : quelle fut, cependant, sous le poids de charges si lourdes, qu'il était permis de douter que nous pussions jamais nous en acquitter, notre première préoccupation après la conclusion de la paix? Ce fut de reconstituer une armée permanente de terre et de mer plus formidable que jamais. C'est à Thiers principalement que fut due cette détermination, profondément regrettable, mais appuyée par tous nos partis sans exception.

D'après ce que l'on a publié sur les négociations des conditions de la paix, Thiers ne pouvant obtenir nul amendement des exigences que maintenait absolument son interlocuteur, serait arrivé à dire : « Je ne puis me décider à accepter de telles conditions : « prenez et gouvernez la France. » — Nous n'en voulons pas, au- « rait répondu M. de Bismark, ce serait ajouter d'inextricables « difficultés à celles que nous avons chez nous. » — « Mais alors « que ferez-vous? » — « Nous garderons l'Alsace, Metz et ce que « nous avons pris de la Lorraine, puis nous conduirons notre armée « dans toutes vos province, imposant et recouvrant des contribu- « tions forcées, jusqu'à ce que l'indemnité exigée soit couverte; « nous nous retirerons ensuite. »

On voit que rien ne nous obligeait à reconststituer une immense et ruineuse armée; l'établissement de milices comme celles de la Suisse aurait complètement suffi à notre sécurité. En prenant ainsi l'iniative de la suppression des armées permanentes, nous eussions largement racheté nos folies passées, et nous serions réhabilités auprès des hommes de bien et de bon sens de l'Europe, qui ne sauraient prendre les tendances guerrières, entraînant à toutes les dégradations, pour des tendances civilisatrices. Cette initiative aurait exercé, sur l'esprit des autres nations européennes, une influence progressive, les poussant de plus en plus énergiquement au désarmement général, à l'établissement d'une paix durable, d'une vraie liberté, et vers toutes les lois de la civilisation ascendante. C'est malheureusement ce que les rages du militarisme et de la vanité nationale, ne nous ont pas permis d'accomplir. — Et bien loin d'alléger le fardeau écrasant que nous avait légué le second Empire, nous l'avons doublé.

En même temps, le roi de Prusse est devenu, par notre œuvre, empereur d'Allemagne, le plus puissant des monarques actuels et le principal appui des aristocraties d'Europe, qui maintiennent leurs privilèges et leur domination, à force d'armées permanentes de terre et de mer. Il n'est assurément nul besoin d'une intelligence hors ligne, pour reconnaître, affirmer, et même PRÉDIRE, que la continuation de tels régimes, développant de plus en plus l'activité destructive au préjudice des activités productives, ne saurait aboutir qu'à l'apauvrissement progressif et à la ruine des nations qui les subissent.

CINQUIÈME ET DERNIÈRE SECTION.

Des moyens de ramener la nation française à l'observance des lois
naturelles transgressées.

Notre Révolution de 1789 avait pour objet d'établir chez nous
la vraie liberté et l'égalité des droits, qui sont des lois ou des
conditions naturelles, dont l'observance est indispensable au perfectionnement et à la prospérité des sociétés humaines, — et de
nous délivrer ainsi des dominations et des privilèges usurpés sur
nous, constituant des transgressions à ces mêmes lois, ne pouvant
qu'aboutir à l'oppression et à la misère des quarante-neuf cin-
quantièmes au moins de chaque nation. C'est donc bien véritablement pour la défense d'une bonne cause que, de 1789 jusqu'au
commencement du dix-neuvième siècle, nous avons soutenu une
lutte formidable contre toutes les armées coalisées de l'Europe.

Malheureusement, après ces onze ans, la grande majorité de
notre nation commît l'irréparable faute d'accepter le joug d'un
despote, qui l'avait enivrée par les succès militaires et l'asservit
entièrement à ses volontés, — sous la conduite duquel elle devint,
à son tour, l'instrument passif de la domination qu'il imposa à
l'Europe : nous avons perdu par là tout le mérite d'avoir donné
l'exemple de l'affranchissement aux nations européennes.

Aujourd'hui, nous n'avons plus de monarchie héréditaire, plus
d'aristocratie nobiliaire privilégiée. Notre domination sacerdotale, sans être domptée, est plus ou moins comprimée; mais nous
paraissons être aussi éloignés que jamais des voies de la liberté
réelle, de la perfectibilité, de la civilisation ascendante.

C'est que, sous la forme républicaine, reprise en 1848 pour aboutir trois ans après au second Empire, — puis rétablie en 1870 et maintenue jusqu'à ce jour, nous n'avons pas mieux compris que sous les formes monarchiques ou impérialistes la véritable mission de l'autorité sociale, la seule qu'elle puisse remplir salutairement, — celle de protéger et défendre le plus efficacement possible la personne, la liberté, les droits égaux et les propriétés légitimement acquises de tous et de chacun.

Au lieu de cela, nous confions plus entièrement que jamais à cette autorité le soin de cultiver et diriger à son gré toutes nos facultés et nos activités; en sorte que nous nous livrons absolument à sa discrétion, renonçant en sa faveur à notre privilège de liberté, à notre qualité d'hommes.

N'est-ce pas ici la vraie source de toutes nos aberrations sociales? N'est-il point assez clair que si nous confions à l'autorité sociale, — que nous nommons le Gouvernement ou l'État, — le soin de diriger les développements de nos facultés et de notre activité, nous n'aurons plus nous-mêmes cette direction? Et n'est-il pas aussi certain que les hommes mis en pouvoir de l'exercer, quels qu'ils soient, — monarchistes, aristocrates, républicains, propriétaires, capitalistes ou prolétaires, n'étant pas d'une autre nature que nous-mêmes, — l'exerceront dans leur intérêt propre et non dans le nôtre, sans qu'il nous appartienne de les blâmer, puisqu'à leur place nous en ferions autant? N'est-il pas, enfin, d'une évidence absolue qu'en livrant à d'autres hommes la direction de nos facultés et de notre activité, nous leur abandonnons notre liberté tout entière, le divin privilège nous élevant si prodigieusement au-dessus de l'animalité, et dont le sacrifice insensé mérite très précisément la punition qui nous est infligée, celle d'être traités comme des animaux?

Il est vrai que ceux exerçant chez nous l'autorité sociale sont, pour le moment, les élus du suffrage dit universel, sorte d'oracle pour lequel nous manifestons le respect et la confiance le plus absolus, bien qu'il se montre singulièrement inconstant et capricieux. Mais ce suffrage ne change rien au funeste état de choses que nous venons de rappeler et démontrer; seulement, il a concouru à le former, ce qui ne fait pas son éloge.

Quoi qu'il en soit, l'extension de plus en plus extravagante des attributions de l'autorité sociale, au delà de sa mission nécessaire et légitime de PROTECTION, — limitations qui ont été longtemps dénigrées par un faux libéralisme, alléguant qu'elles réduisaient le rôle de l'État à celui de *gendarme*, — est devenue la cause principale de la terrible crise que nous traversons et de tous les maux qu'elle inflige aux populations; car c'est par cette extension que se sont développés les pernicieux mobiles du militarisme dominateur et du socialisme d'État, au point de nous imposer, en France, l'écrasant fardeau d'une armée de terre et de mer ne comptant pas moins de onze cent mille hommes et à peu près autant de fonctionnaires civils ou agents de tout ordre, en y comprenant ceux des départements et des communes.

Nos budgets annuels, pour l'État et les administrations locales, sont, pour un même chiffre de population, deux fois plus élevés que chez les autres nations de l'Europe, sans même excepter l'Angleterre; il en est de même de nos impôts et de nos dettes publiques. Nous avons des raisons de croire que, si les savantes complications de notre comptabilité financière pouvaient être tirées au clair, on reconnaîtrait que nos dettes ne s'élèvent pas aujourd'hui, toujours en y comprenant celles des départements et des communes, à moins de trente-cinq milliards de francs. Les dépenses annuelles réunies des mêmes administrations ne s'élèvent pas à moins de quatre milliards et demi de francs.

Vers 1840, d'après des bases plus sûres que celles des statistiques officielles, on évaluait la production totale annuelle de la France à dix milliards de francs environ; nous n'avions pas alors la Savoie ni le comté de Nice, — et, comme la Savoie nous a apporté plus de besoins que de ressources, on peut ne pas tenir compte de ces deux adjonctions; mais nous possédions alors toute l'Alsace, la plus riche de nos provinces par ses productions agricoles et par la grande industrie manufacturière de Mulhouse et du Haut-Rhin, — plus la partie de la Lorraine que nous avons perdue. En réduisant un milliard de francs sur notre production annuelle de 1840, pour ces parties de la France que nous n'avons plus, nous croyons ne rien exagérer.

En outre, nos départements séricoles produisaient alors annuellement pour 150 millions de francs de cocons et n'en produisent plus aujourd'hui que pour six millions; nos vignobles, par suite des ravages du phylloxera, ne rendent aujourd'hui que la moitié à peine de ce qu'ils rendaient en 1840. Notre industrie des soieries, qui exportait alors pour 350 à 400 millions de francs par an de ses produits, n'en exporte pas maintenant pour 30 millions.

Ajoutons que le vol à la protection douanière, qui nous a repris plus fortement que jamais, loin d'améliorer la situation, ne pouvait que l'empirer; aussi notre agriculture et nos diverses productions manufacturières déclinent-elles précisément dans la mesure où le marché national leur est plus exclusivement réservé, et l'on sait que l'industrie commerciale ne peut que baisser avec le niveau de la production générale. C'est pourquoi nos travailleurs sans emploi se comptent déjà, comme nous l'avons dit, par centaines de mille; or, en évaluant tout cela à une nouvelle réduction d'un milliard sur la production totale de 1840, nous restons assurément fort au-dessous de la vérité. Nous ne pourrions donc compter sur une production totale annuelle de plus de huit à neuf milliards de francs. — Et nous avons vu que nos dépenses publiques annuelles en prennent la moitié!

Ceci, malheureusement, n'est point une exagération de la vérité; nous sommes convaincu du contraire, et c'est ce que l'on reconnaîtrait si l'on voulait vérifier scrupuleusement, sous le contrôle d'hommes investis de l'autorité nécessaire, capables et rigoureusement honnêtes.

Il est vrai que nous sommes témoins d'un phénomène de nature à faire douter que la situation, que nous venons d'indiquer sommairement, ait aucune réalité. C'est la profonde quiétude dont paraissent jouir tous nos régisseurs sociaux. Ils éprouvent bien quelques difficultés pour arranger le budget normal promis pour 1887, pour réduire les énormes proportions que paraît avoir atteintes notre dette flottante, mais ils sont habitués à de telles difficultés, solubles par de nouveaux emprunts ou de nouveaux impôts, et ne paraissent avoir nul autre souci que celui de trouver dans les partis si divisés qui se disputent la direction de nos affaires, — apparemment très alléchante encore, — une majorité parlementaire durant plus de trois semaines.

S'ils entendent émettre l'avis, qu'en raison de la rapidité progressive que nous avons mise, depuis plus de trente ans, à multiplier et étendre nos activités *destructives* aux dépens des *productives*, la ruine du pays est prochaine, et qu'avant trois ans, si nous ne changeons pas immédiatement de directions, notre colossal budget sera vide aux deux tiers et les créances sur l'État sans valeur. — « Bah! diront-ils aux autres auditeurs, c'est un « réactionnaire ou un pessimiste : la crise actuelle vient au con- « traire d'une *surproduction*. Voyez la Belgique! » Et ils s'en iront levant les épaules.

Nous croyons pourtant savoir que tous ne seraient pas du même avis, et qu'il en est, parmi les plus lucides, auxquels les terribles dangers de la situation actuelle n'échappent nullement, qui, au contraire, s'en affectent très péniblement, mais croient le moment trop inopportun pour tenter l'application des énergiques et violents remèdes devenus indispensables, et craindraient, en dévoilant leur pensée, de précipiter la catastrophe. C'est à ceux-là, surtout, que nous adresserons ce qui va suivre. Ils comprendront qu'après avoir transgressé à outrance les lois naturelles, dont l'observance est indispensable pour assurer le perfectionnement et la prospérité des sociétés humaines, la nôtre ne peut revenir à cette observance qu'en sortît le plus promptement et le plus entièrement possible des voies dégradantes et ruineuses où elle s'est laissée si désastreusement entraîner. Sans doute, de tels changements ne peuvent s'opérer sans bien des difficultés et des souffrances, sans fermer une multitude de carrières sur lesquelles comptaient ceux qui s'y trouvent attachés ; mais ces difficultés, ces souffrances, ces attentes trompées seraient bien pires encore si la continuation de nos extravagantes dilapidations les amenaient bientôt au seul résultat auquel elles puissent aboutir : à l'épuisement de nos ressources. Non seulement les mêmes carrières seraient alors fermées, mais il serait longtemps impossible d'en trouver d'autres. On peut ajourner ou retarder la réparation d'un mal social, lorsque ces retards ne risquent guère de l'aggraver; mais, ici, son aggravation serait si rapide et si grande, qu'il deviendrait bientôt absolument irrémédiable. Il n'y a donc pas lieu de s'arrêter aux difficultés et aux souffrances que pourront entraîner les réformes devenues dès à présent indispensables; il s'agit d'empêcher que ces maux deviennent incomparablement plus grands et irréparables.

Nous exposerons donc, le plus succinctement possible, les principales réformes qu'il y aurait à poursuivre, sans se préoccuper d'autre chose que de la nécessité absolue de leur prompt accomplissement, espérant qu'elles pourront être appuyées de volontés assez énergiques et assez générales pour surmonter tous les obstacles que l'on voudrait y opposer ; elles nous paraissent si urgentes que, si plus d'une année encore devait s'écouler sans qu'elles fussent sérieusement entreprises, nous croyons qu'il serait trop tard pour tenter efficacement de sauver notre civilisation des périls qui la menacent.

Avant tout, il y aurait à pourvoir à l'entreprise des colonisations dont nous avons justifié l'absolue nécessité, — nos centaines de mille de cultivateurs et autres ouvriers sans emploi, ne pouvant attendre, chez nous, la reprise des travaux producteurs, car elle ne saurait être amenée que par des réformes radicales que nul ne songe encore à entamer. Nous avons vu qu'il fallait se garder de demander ces colonisations à l'État, et qu'on ne pouvait les espérer que d'un grand élan de la charité réelle, d'une compagnie puissante et libre, fondée par l'ensemble des familles riches de France, et s'aidant le mieux possible de la spéculation ; nous ne saurions trop insister sur l'urgence de s'en occuper ardemment et sans retard.

La plus importante et la plus pressante des réformes à demander à nos régisseurs sociaux est, d'abord, celle de l'armée, qui absorbe à elle seule tout compris (troupes de terre, marine, armements, équipements, tout le matériel, personnel administratif, pensions), plus de deux milliards de francs, — le quart de ce que nous pouvons annuellement produire dans la situation actuelle, tout en privant nos forces productives actuelles du concours de plus d'un million de nos hommes les plus valides, les réservistes pour une partie de l'année seulement.

On a vu que pendant les négociations de la paix, les régisseurs allemands refusaient, et pour cause, de garder et gouverner la France ; nous n'avions donc nulle crainte à avoir d'une invasion nouvelle, si nous ne la provoquions plus, et, par conséquent, nul besoin de créer cette immense armée, qui n'a servi et ne pouvait servir qu'à notre ruine. — Ce que nous aurions dû faire en 1871, immédiatement après la conclusion de la paix, et ce que nous ne pouvons plus éviter de faire aujourd'hui, sans péril imminent, c'est de donner l'exemple de la suppression des grandes armées permanentes. Une telle initiative ne nous est pas commandée seulement par le plus pressant intérêt ; elle est un devoir impérieux pour notre nation qui, sous le premier et le second Empire, a plus que tout autre répandu la contagion du militarisme dominateur; le devoir d'être la première à s'administrer le contre-poison lui incombe donc plus qu'à d'autres : sa stupide agression contre la Prusse, qu'elle a si chèrement payée, a-t-elle donc ranimé cette rage au lieu de la calmer? faut-il qu'elle laisse croire à tous les esprits honnêtes et lucides qu'elle est vouée, jusqu'à sa fin, à cette affreuse maladie? En vérité, notre amour-propre national, s'il était moins aveugle, se reconnaîtrait fortement intéressé à ce qu'on ne nous suppose pas plus longtemps déchus à ce point de placer dans la guerre de domination, c'est-à-dire dans ce que l'humanité offre de plus hideux, — dans ce retour à la barbarie la plus sauvage, la plus féroce et la plus insensée, nos aspirations de gloire et de grandeur! L'initiative de la suppression des grandes armées permanentes est bien véritablement le seul moyen de nous réhabiliter dignement.

Et pour cela, nous n'aurions nullement à compromettre ou exposer notre sécurité; elle serait au contraire bien mieux assurée que jamais si nous remplacions notre armée par des milices exercées comme en Suisse. D'après un recensement opéré en 1880, la population de la Suisse était de 2,846,000, en 1884; la partie de sa milice désignée comme *armée régulière ou élite,* et qui, d'après le témoignage des chefs militaires européens qui l'ont observée, égale les meileures troupes permanentes, comptait 103,638 hommes. La dépense de cette milice d'élite est évaluée, au budget suisse pour 1884, à 15,100,000 francs ; en sorte que si nous voulions, sur ce point, conformer exactement notre régime à celui de la Suisse, notre population étant, d'après le recensement de 1882, de 37,672,000, ou treize fois celle de la Suisse, notre milice d'élite compterait près de 1,500,000 hommes, coûtant treize fois 15,100,000 francs, c'est-à-dire 196 millions; mais rien n'obligerait à porter notre milice d'élite à 1,500,000 hommes; elle pourrait sans inconvénient être réduite à un million, laissant un plus large choix pour la vigueur et la santé, et pour les exemptions le plus nécessaires. La dépense annuelle se réduirait alors à 130 millions de francs.

Assurément, avec un million d'hommes d'une milice d'élite égale à celle de la Suisse, nous n'aurions absolument rien à redouter pour notre sécurité intérieure. Il y aurait, au besoin, dans cette milice se sertant l'unique force défensive de la nation, plus de courage et d'énergie persévérante qu'on n'en saurait trouver dans aucune troupe permanente et mécanique; c'est ce qu'ont pleinement démontré les Suisses eux-mêmes et nos volontaires de 1792. En outre, de telles milices ne se prêteraient jamais aux entreprises d'aucun chef militaire contre la liberté nationale. Il faut, enfin, tenir compte de l'approbation que nous assurerait, au sein des masses nationales de l'Europe, une semblable tranformation dans nos institutions et nos tendances, et des dispositions à nous imiter qu'elle étendrait progressivement.

Nous n'avons pas parlé de nos colonies et de notre marine militaire. Il y aurait encore ici de grandes économies à réaliser, et nous pensons qu'une dépense annuelle de 150 millions de francs serait beaucoup plus que suffisante pour ces services. Cela porterait à 280 millions de francs nos dépenses militaires et coloniales.

Après la réforme de l'armée, les plus pressantes consisteraient à rendre à la libre activité privée, sous les réserves expresses que nous avons précédemment mentionnées, les services et les dépenses des cultes et de l'enseignement général. Nous croyons avoir assez justifié, dans nos précédentes sections, l'entière convenance et l'urgente nécessité de ces réformes, pour qu'il ne nous reste guère à ajouter à cette justification.

Quant aux cultes, les résultats du régime établi et maintenu depuis un siècle par l'Union Américaine, sont si complètement satisfaisants, sous tous les rapports, qu'il n'est pas aisé de comprendre pourquoi ce régime n'est pas encore admis chez les nations les plus avancées de l'Europe. Il existe dans l'Union Américaine au moins vingt communions différentes se rattachant au christianisme ; chacune d'elles pourvoit à ses services et à leur dépense, sans nul recours à l'impôt, ni fédéral, ni local. Aucune d'elles n'ayant de privilège ni de préférence auprès de l'autorité sociale, toutes sentent la nécessité de ne pas lutter ou se dénigrer entre elles ; car ces luttes pourraient dégénérer en violences qui, indépendamment des répressions légales encourues, les déprécieraient toutes ; aussi la tolérance, quant aux croyances religieuses, y est-elle scrupuleusement observée, sans qu'elle soit un indice d'incroyance ou d'indifférence ; car tous les témoignages des observateurs exacts s'accordent à reconnaitre que, dans l'ensemble actuel des nations chrétiennes, les populations de l'Union Américaine sont celles dont les croyances, beaucoup moins mêlées que partout ailleurs d'idiotes superstitions, ont conservé le plus d'empire sur la conduite générale.

Ce régime place, d'ailleurs, les ministres des cultes, sans exception aucune, dans la nécessité absolue d'obtenir l'estime d'abord, puis la confiance entière de leurs adhérents; ils n'en recrutent qu'à ces conditions, et tous sentent l'impérieuse nécessité de prêcher d'exemple avant tout : aussi la plupart d'entre eux sont-ils d'excellents instituteurs de morale, d'éloquents consolateurs dans les afflictions, et des modèles de conduite. Si l'on veut rapprocher de tels résultats de ceux du régime français, on trouvera pour le moment la singulière et peu tolérable anomalie qui subsiste entre le clergé romain et notre République actuelle, contre laquelle ce clergé lutte ouvertement, avec persévérance, tout en se faisant payer le plus largement possible sur le budget de cette même République; en sorte que cette corporation, qui compte encore en France plus de cent mille membres, malgré l'expulsion des jésuites, qui n'a été qu'une transformation, au lieu de se libérer envers la nation des ressources qu'elle en exige, en s'efforçant de servir la paix, la concorde, la bienveillance mutuelle, n'a pas de préoccupations plus constantes et plus ardentes que celles de nous ramener aux régimes antérieurs à 1789, ce qui ne peut qu'empirer nos discordances, nos chances de ruine et de dissolution sociale.

Enfin, il n'y a nullement lieu de s'arrêter à l'objection qu'oppose à la remise des cultes à la libre activité privée, notre cléricalisme romain, celle de la revendication des biens que détenait son Église avant 1789; car, ce sont des catholiques qui ont fait la révolution de 1789, disposé de ces biens, et institué le régime prélevant les frais des cultes sur le produit général des impôts, régime sous lequel sont nés, ou du moins se sont engagés, tous les membres vivants de ce clergé, qui, dès lors, n'ont pas le moindre droit aux biens qu'ils revendiquent, pas plus que les catholiques laïques. Et ce sont encore, en grande majorité, ces derniers catholiques qui, au lieu de faire payer les dépenses des cultes par tous les contribuables indistinctement, les laisseront bientôt, nous le pensons, à la charge de ceux qui demandent leurs services.

Quant à l'enseignement général, dont la réforme devrait suivre immédiatement, ou même accompagner celle du régime des cultes, nous avons assez montré que, comme toutes les autres branches de notre activité utile, celle-ci n'est perfectible que par une vraie liberté, tandis que les régies autoritaires non seulement paralysent cette perfectibilité, mais font de l'enseignement le moyen le plus puissant de transformer la mission protectrice de l'autorité sociale, en dominations faisant régner tous les mobiles pernicieux.

Nous avons vu par quel leurre nous nous sommes laissé abuser, en croyant que l'enseignement autoritaire nous donnerait la similitude de vues, de tendances et de directions, qui fait les peuples bien unis, tandis qu'il nous a amenés à des tendances plus diverses, plus désordonnées et plus hostiles les unes à l'égard des autres, qu'elles ne l'ont jamais été chez aucune autre nation connue.

C'est une lubie non moins aveuglante qui, depuis quelques années, nous a fait développer l'enseignement autoritaire, — non moins pernicieux aujourd'hui qu'auparavant, — jusqu'aux dernières limites de l'extravagance. Aucun Français ne pourra plus y échapper; les plus avancés des élèves de l'enseignement primaire, s'ils appartiennent à des parents pauvres, seront admis aux degrés supérieurs au moyen de bourses fournies par l'État ou les communes. Nous attendons merveille d'une telle diffusion de *l'instruction,* sans nous demander si les enseignements qui la constitueront ne seront pas pires que l'ignorance, — et sans prendre garde que, si ce régime dure encore deux ou trois ans, nous aurons formé ainsi des myriades de nouveaux *bacheliers,* en sus de ceux qui ont fourni au recrutement de l'immense nuée de fonctionnaires s'abattant sur nos budgets. N'est-il pas à craindre que cette nuée, ainsi rapidement grossie, ne trouve bientôt plus rien à dévorer? Il vaut la peine d'y songer.

Remarquons, enfin, que la remise de l'enseignement général à la libre activité privée ne nous privera pas d'un seul de nos individus capables d'enseigner; ils pourront former tous les établissements qu'ils jugeront nécessaires au public, et suffisamment rémunérateurs de leurs services, librement appréciés, sans autres contraintes que celle du respect absolu des droits communs, et d'une répression sévère de tout enseignement immoral ou dégradant. Ils auraient, d'ailleurs, toute faculté *d'innover,* et par conséquent de perfectionner sans cesse, soit dans le choix des matières d'enseignement, soit dans les méthodes, et comme le succès de chaque établissement serait en raison des progrès réels qu'il aurait accomplis, nul doute que l'émulation, la concurrence, dans cette branche si importante de l'activité sociale, ne rendissent les progrès aussi rapides et aussi fructueux qu'ils l'ont été dans tous les travaux restés le plus libres. On sait combien les écoles libres de la Suisse, qui n'en ont plus d'autres depuis l'expulsion des jésuites, ont perfectionné leur enseignement; c'est au point que bien des familles intelligentes, — françaises, allemandes, italiennes et même anglaises, y font élever leurs enfants. Rien n'empêcherait nos établissements d'instruction, rendus à la libre activité privée, d'imiter tout ce que les écoles suisses ont de mieux, même leurs bataillons scolaires qui, après le remplacement de notre armée permanente de onze cent mille hommes, par des milices exercées dans leurs foyers, comme en Suisse, n'auraient plus alors pour nous rien de ridicule.

La réforme militaire, telle que nous l'avons indiquée, réduirait à elle seule de plus d'un milliard et demi de francs, nos dépenses publiques annuelles. L'attribution à la libre activité privée des cultes et de l'enseignement, ajouterait à cette réduction, au moins quatre cent millions de francs, et nous avons prouvé dans nos deux publications citées de 1867 et 1878, qu'il serait facile d'obtenir des réductions nombreuses et très considérables dans les dépenses de nos services financiers et d'administration centrale ou locale.

Mais de toutes les réformes à opérer, celles relatives à l'armée, aux cultes et à l'enseignement, sont de beaucoup les plus importantes, et surtout les plus urgentes. Ce sont celles dont la réalisation est devenue si indispensable et si pressante, qu'il nous paraîtrait fort dangereux qu'elles ne fussent pas sérieusement entreprises avant un an. Plus nos régimes militaire, scolaire et des cultes seront prolongés, plus le mal qu'ils font grandira progressivement et deviendra irrémédiable. Cela étant parfaitement certain, nous ne pouvons, sans le plus déplorable, le plus périlleux aveuglement éluder davantage les réformes nécessaires.

Aucun motif raisonnable ne peut nous en dispenser : le prétendu prestige que nous croyons obtenir par notre ruineuse et inutile armée, est la plus sotte de nos infatuations. Elle sert admirablement de prétexte aux monarchies et aristocraties de l'Europe pour grandir leurs forces militaires, afin de mieux préserver de toute atteinte leurs dominations et privilèges. L'usage que nous avons fait de notre armée pendant ces dernières années, et que nos régisseurs condamnent eux-mêmes aujourd'hui, n'est certes pas de nature à nous entourer d'un prestige bien enviable ; tandis que l'exemple du désarmement, donné par nous, aurait en Europe un retentissement et une influence immenses, et nous vaudrait les sympathies de tous les hommes éclairés et honnêtes qu'elle renferme. Et cela, sans que notre sécurité et notre indépendance courussent le moindre danger ; en les assurant, au contraire, incomparablement mieux qu'elles ne l'ont jamais été par nos armées permanentes.

Espérons que des vérités aussi évidentes, seront enfin généralement comprises, et qu'il reste encore dans nos grandes masses nationales, assez de bon sens, de jugement, de sentiments honnêtes et élevés, pour appuyer énergiquement l'entreprise immédiate de réformes, qui sauveraient la nation de périls affreux où elle court vertigineusement, et la relèveraient pour longtemps dans l'estime générale.

Paris, 10 juin 1886.

FIN.

TABLE

FIN DE LA TABLE.

Saint-Denis. — Imprimerie Ch. Lambert, 17, rue de Paris,